DevOps – Erfolgreich Entwicklung und IT-Betrieb verbinden

Grundlagen und Werkzeuge für eine erfolgreiche DevOps-Implementierung

Curt W. Meister

DevOps – Erfolgreich Entwicklung und IT-Betrieb verbinden

Grundlagen und Werkzeuge für eine erfolgreiche DevOps-Implementierung

Curt W. Meister

Impressum

Bibliografische Information der Deutschen Nationalbibliothek:
Die Deutsche Nationalbibliothek verzeichnet diese Publikation in der
Deutschen Nationalbibliografie; detaillierte bibliografische Daten sind im
Internet über http://dnb.dnb.de abrufbar.

© 2020 Curt W. Meister

Herstellung und Verlag: BoD – Books on Demand, Norderstedt

ISBN: 978-3-7519-9489-7

INHALT

Einleitung 9
Gründe für den Einsatz von DevOps 13
   Realisierung des Business-Nutzens (Business Value) 13
      Das Kano-Modell 14
      Die IT und der Geschäftswert 18
      Die VUCA-Welt 21
      Externe Treiber 23
      Organisatorische Ziele von DevOps 24
      Die Hindernisse 26
Prinzipien und Konzepte von DevOps 32
   Die drei Wege 33
      Der erste Weg: Prinzipien des Flusses 33
      Der zweite Weg: Prinzipien des Feedbacks 36
      Der dritte Weg: Prinzipien des kontinuierlichen Lernens 37
   Ausgereifte technische Fähigkeiten und Managementpraktiken .. 39
      Technische Praktiken 39
      Managementpraktiken 42
      C.A.L.M.S. 45
DevOps und die Organisation 47
   Die DevOps-Kultur 47
   Transformationale Führung 49

DevOps-Strukturen und das Team 54
Prozesse und Verfahren 66
  DevOps und andere Methoden 66
    ITIL und DevOps 67
    Lean und DevOps 73
    Agile und DevOps 81
  15 grundlegende Verfahren von DevOps 86
    Voice of the Customer 87
    Relationship Management 92
    Lean-Prozessoptimierung 96
    Wertstrom-Mapping (Value Stream Mapping) 99
    Knowledge Management 101
    Visual Management 104
    Agiles Projektmanagement & Scrum 107
    Shift Left Testing 110
    Change Control 114
    Service Configuration Management 116
    Release & Deployment Management 120
    Incident Management 122
    Problem Management & Kaizen 125
    Continual Improvement 127
    Antifragilität 131
Technologie und Automation 135
  Automation für die Deployment Pipeline 135

Cloud-Technologie und Virtualisierung 146
Nachwort 148
Literaturliste 149

Einleitung

Anders als andere Methoden und Frameworks wie beispielsweise Scrum, Kanban, ITIL oder ähnliche gibt es nicht das "DevOps" mit einer allgemein anerkannten Definition. So existiert auch weder eine einheitliche – oder zumindest führende – Organisation, welche das Thema DevOps vertritt oder festlegt, was nun genau Teil von DevOps ist und was nicht. Alleine im deutschsprachigen Raum existieren ein knappes halbes Dutzend Zertifizierer, welche teils gleichlautende oder ähnliche DevOps-Titel vergeben und dafür wiederum unterschiedliche Prüfungen voraussetzen, welche unterschiedliche, sich teils gar widersprechende Anforderungen oder Aussagen abfragen.

Trotzdem existieren einige Grundthemen oder Prinzipien, welche die meisten Erklärungen von DevOps enthalten – etwa Effizienz, Zusammenarbeit und verbesserte Kommunikation. Alles nichts, was nicht auch viele andere Frameworks und Methoden für sich reklamieren würden.

Wenn wir uns nun ein paar Definitionen anschauen, wie maßgebliche Institutionen DevOps definieren, so finden wir:

Peoplecert: *"DevOps ist ein Kunstwort, das die Evolution von existierenden IT Best Practices aus ITIL, Lean und Agile in eine Vorgehensweise der Entwicklung und des Betriebs, die Automation und Continuous Delivery unterstützt und eine Kultur der*

Zusammenarbeit und des Lernens fördert, um der IT dabei zu helfen Geschäftswert besser, schneller und billiger zu liefern als je zuvor."

Wikipedia: *"DevOps ist ein Prozess der Software-Entwicklung und - Lieferung, der Kommunikation und Zusammenarbeit zwischen den Fachkräften des Produktmanagements, der Software-Entwicklung und des Betriebs betont. DevOps unterstützt dies, indem die Prozesse der Integration des Testens und des Deployments durch Software automatisiert und überwacht werden. Weiterhin werden auch Änderungen der Infrastruktur automatisiert und überwacht, indem eine Kultur und eine Umgebung geschaffen wird, in der der Aufbau, das Testen und die Release von Software schnell, häufig und zuverlässiger stattfinden kann."*

Gartner Group: *"DevOps bedeutet einen Wandel in der IT-Kultur, einen Fokus auf schnelle Lieferung von IT-Services, indem agile und schlanke (lean) Verfahren im Kontext eines systemorientierten Ansatzes eingeführt werden. DevOps hebt Menschen (und Kultur) hervor und versucht der Zusammenarbeit zwischen den Teams, von Operations und Development, zum Durchbruch zu verhelfen. Bei der Umsetzung von DevOps wird Technologie angewandt – insbesondere Automationswerkzeuge, die die zunehmend programmierbare und dynamische Infrastruktur aus der Perspektive des Lebenszyklus nutzen können."*

Die Problematik liegt wahrscheinlich in der Geschichte begründet. Anders als bei manchen Methoden oder Frameworks gab es schon zu Beginn der Entwicklung nicht eine Organisation oder Personen, die den Lead in Richtung einer Standardisierung übernahmen oder eine bestimmte Methode entwickelten. Vielmehr entstand DevOps aus den agilen Prinzipien innerhalb der Software-Entwicklung, welche eine stärkere Zusammenarbeit und Kommunikation und den Abbau von Silodenken anstrebte.

Als Beginn der DevOps-Bewegung wird dabei oft ein Vortrag genannt, den die Flickr-Mitarbeiter John Allspaw und Paul Hammond auf der O'Reilly Velocity-Konferenz 2009 in San Jose, Kalifornien, mit dem Titel „ 10 Deploys a Tag: Zusammenarbeit von Dev und Ops bei Flickr " hielten.

Das Thema war ganz offensichtlich ein Zeitthema, welches Personen in unterschiedlichen Organisationen weltweit beschäftigte und so kam es schon nach relativ kurzer Zeit zur Devopsdays-Konferenz in Gent, Belgien, von wo aus der Begriff "DevOps" dann eine weiterreichende Wahrnehmung und Verwendung fand.

Das Nicht-Vorhandensein eines einheitlichen Wegs und einheitlicher Vorgehensprinzipien mag auf den ersten Blick etwas abschrecken. Auf den zweiten Blick bietet dies aber tatsächlich auch eine Stärke für eine Implementierung. Statt eines irgendwo festgelegten Standards, dem nachgeeifert wird, ist es notwendig, die eigenen Bedürfnisse und die beteiligten Menschen einzubeziehen. Damit kann die Wahrscheinlichkeit dafür, einen passenden Ansatz statt eines Standards zu wählen, erheblich vergrößert werden.

Das Konzept von DevOps ist weit gefasst, aber fast jeder wird zustimmen, dass Effizienzsteigerung, Zusammenarbeit und Kommunikation positive Veränderungen sind. Es ist aber wichtig, dass die Details vor der Implementierung mit Ihrem Team besprochen werden. Ideen wie eine verstärkte Kommunikation sind zwecklos, wenn jeder Mitarbeiter einen anderen Ansatz hat, um diese zu erreichen.

Zu den Firmen, welche DevOps erfolgreich einsetzen, gehören neben einer Unzahl kleiner und mittelgroßer Firmen auch Weltkonzerne wie beispielsweise Amazon, Netflix, Target, Walmart, Nordstrom, Facebook, Etsy, Adobe, die NASA, Starbucks oder Sony Picture Entertainment.

Für das vorliegende Buch wollen wir DevOps wie folgt charakterisieren: DevOps ist eine Philosophie, die eine Reihe von Prinzipien, Verfahren bzw. Praktiken und Werte mit dem Fokus einer Zusammenarbeit von Entwicklung und Betrieb fördert. Voraussetzung dafür ist ein kultureller Wandel der ganzen Organisation mit dem Ziel der Förderung von Kommunikation und Zusammenarbeit. Dabei gilt es einen Ausgleich der Anforderungen an eine Veränderung mit jenen von Stabilität und Planbarkeit zu verbinden.

Gründe für den Einsatz von DevOps

Realisierung des Business-Nutzens (Business Value)

Auch wenn es in der Realität von manchen Organisationen anders gelebt wird: Business Value, der Geschäftswert oder Business-Nutzen, wird stets von Seiten des Kunden und nicht des Anbieters definiert. Er entspricht dem Niveau, auf dem eine Leistung oder ein Produkt den Erwartungen des Kunden entspricht – oder diese übertrifft. Den Kontext, in welchem DevOps normalerweise zum Einsatz kommen, würde man also so definieren: *"Geschäftswert ist das Niveau, auf dem ein Service die Erwartungen des Kunden erfüllt oder übertrifft."*[1] Damit versteht sich, dass verschiedene Kunden (-Gruppen) unterschiedliche Vorstellungen vom Geschäftswert, basierend auf ihren Ansprüchen, haben.

Wenn wir uns im Kontext von Dienstleistungen und Services bewegen, besteht eine häufige Sichtweise darin, Geschäftswert als eine Kombination von (Service-) Qualität, also dem Maß, in dem den Anforderungen des Kunden entsprochen wird, Kosten und der Zeit, in welcher eine Leistung zur Verfügung gestellt wird, zu sehen. Dabei wird im Allgemeinen der Geschäftswert als positiv verstanden, wenn die drei Dimensionen als ausgewogen wahrgenommen werden. Dabei wird man schnell feststellen, dass unterschiedliche Kunden hierbei ganz unterschiedliche Maßstäbe ansetzen. Während manche Kunden tendenziell sehr preissensitiv sind und dafür auch bereit sind, in Hinblick auf Qualität oder Schnelligkeit der Servicebereitstellung

---

[1] Definition gemäss Peoplecert DevOps

Kompromisse einzugehen, sind andere sehr auf möglichst maximale Qualität fokussiert und bereit, dafür auch tiefer in die Tasche zu greifen. Andere wiederum befinden sich in einer Zwangslage und sind bereit, quasi jeden Preis zu bezahlen, solange ihr Problem gelöst wird.

Das Kano-Modell

Das Kano-Modell ist ein Ansatz, der dabei unterstützt, unterschiedliche Kundenpräferenzen zu visualisieren und besser zu verstehen.

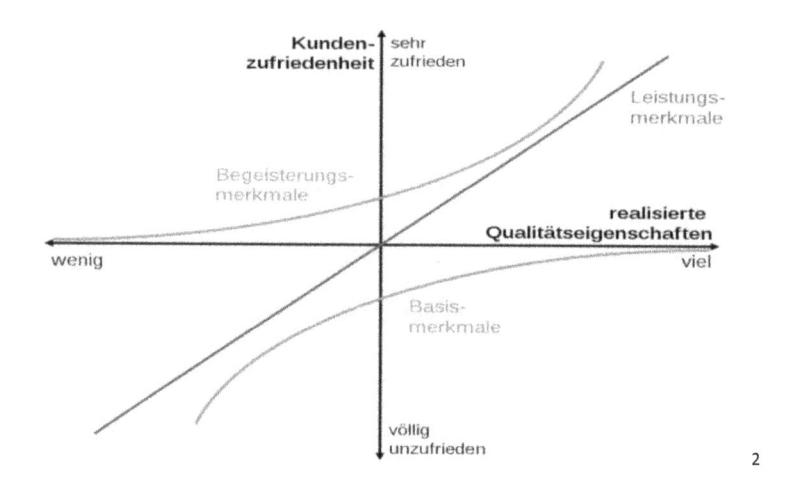

[2]

---

[2] User:Trappatoni / CC BY-SA (http://creativecommons.org/licenses/by-sa/3.0/) - Quelle: Wikipedia

Das Kano-Modell unterscheidet dabei fünf verschiedene Arten der Kundenwahrnehmung von Produkten oder Leistungen:

*"**Basis-Merkmale**, die so grundlegend und selbstverständlich sind, dass sie den Kunden erst bei Nichterfüllung bewusst werden (implizite Erwartungen). Werden die Grundforderungen nicht erfüllt, entsteht Unzufriedenheit; werden sie erfüllt, entsteht aber keine Zufriedenheit. Die Nutzensteigerung im Vergleich zur Differenzierung gegenüber Wettbewerbern ist sehr gering.*

***Leistungs-Merkmale** sind dem Kunden bewusst, sie beseitigen Unzufriedenheit oder schaffen Zufriedenheit abhängig vom Ausmaß der Erfüllung.*

***Begeisterungs-Merkmale** sind dagegen Nutzen stiftende Merkmale, mit denen der Kunde nicht unbedingt rechnet. Sie zeichnen das Produkt gegenüber der Konkurrenz aus und rufen Begeisterung hervor. Eine kleine Leistungssteigerung kann zu einem überproportionalen Nutzen führen. Die Differenzierungen gegenüber der Konkurrenz können gering sein, der Nutzen aber enorm.*

***Unerhebliche Merkmale** sind sowohl bei Vorhandensein wie auch bei Fehlen ohne Belang für den Kunden. Sie können daher keine Zufriedenheit stiften, führen aber auch zu keiner Unzufriedenheit.*

***Rückweisungs-Merkmale**: Führen bei Vorhandensein zu Unzufriedenheit, bei Fehlen jedoch zu Zufriedenheit des Kunden."*[3]

---

[3] Quelle: Wikipedia (Zugriff 9/2020)

Dabei kann es sein, dass ein Merkmal von einem Kunden / einer Kundengruppe als Basis-Merkmal vorausgesetzt wird, für andere aber komplett unerheblich ist oder es zu begeistern vermag. Auch ist damit zu rechnen, dass ein ehemaliges Begeisterungsmerkmal mit der Zeit in der Kundenwahrnehmung zum Leistungsmerkmal oder gar Basis-Merkmal wird. So war es vor etlichen Jahren ein absolutes Begeisterungsmerkmal, ein Mobiltelefon mit Touch-Screen zu besitzen, das nicht mehr separate Wähltasten benötigte. Heute wird das von den meisten Nutzern als eine grundlegende Selbstverständlichkeit und damit als Basis-Merkmal wahrgenommen.

Die Messung der Erwartungshaltung von Kunden erfolgt durch Interviews oder andere Erhebungsmethoden wie beispielsweise Online-Befragungen. Dabei wird jedes Szenario doppelt überprüft. Es wird sowohl funktional wie auch dysfunktional gefragt, also was wäre, wenn "X" – und was wäre, wenn "nicht X". Aus der Kombination lässt sich eine Zuordnung zu einem Merkmal gewinnen.

	Das würde mich sehr freuen	Das setze ich voraus	Das ist mir egal	Das nehme ich gerade noch hin	Das würde mich sehr stören
Funktional (positiv formuliert)					
Was würden Sie sagen, wenn das Produkt über ... verfügte?					
Was würden Sie sagen, wenn es mehr ... gäbe?					
Dysfunktional (negativ formuliert)					
Was würden Sie sagen, wenn das Produkt NICHT über ... verfügte?					
Was würden Sie sagen, wenn es weniger ... gäbe?					

Auswertung

Aus der Kombination der Antworten auf die funktionale und dysfunktionale Frage ist die Typisierung ableitbar:

Funktional:		Dysfunktional:		Merkmal
Das setze ich voraus	+	Das würde mich sehr stören	→	Basis-Merkmal
Das würde mich sehr freuen	+	Das würde mich sehr stören	→	Leistungs-Merkmal
Das würde mich sehr freuen	+	Das ist mir egal	→	Begeisterungs-Merkmal
Das ist mir egal	+	Das ist mir egal	→	Unerhebliches Merkmal
Das würde mich sehr stören	+	Das setze ich voraus	→	Rückweisungs-Merkmal

Um als Anbieter von Leistungen für den Kunden attraktiv zu bleiben, ist es notwendig, immer wieder neue, sich vom Mitbewerb abhebende Begeisterungsmerkmale anzubieten und damit permanent in die Entwicklung neuer und in die Aktualisierung bestehender Angebote zu investieren. Nur so kann es langfristig gelingen, im Markt als Leistungserbringer attraktiv zu bleiben.

Die IT und der Geschäftswert

Der Beitrag, den die IT zur Realisierung des Geschäftswertes leistet, hat sich in den letzten Jahren laufend vergrößert. Dies betrifft alle drei Dimensionen der Realisierung des Geschäftswertes:

Qualität

- Nur ein ausreichendes Maß an Qualitätskontrolle in Form von Testing kann sicherstellen, dass eine entwickelte Lösung erfolgreich betrieben werden kann. Nicht festgestellte Fehler führen oft zu Folgekosten und Aufwänden in Betrieb und Weiterentwicklung.
- Umgesetzte Lösungen müssen durch einen ausreichenden Service unterstützt werden, der sicherstellt, dass diese auch zielführend eingesetzt werden können. Fehlt ausreichender Service (Umfang / Verfügbarkeit / Qualität) erschwert dies einen zielführenden Einsatz und weiteren Ausbau.
- IT-Systeme sind heute in den wenigsten Fällen monolithisch strukturiert. Erst durch Vernetzung von Daten und Prozessen ergibt sich oft eine wirkliche Wertschätzung. Um diese zu realisieren, ist die Qualität von Daten und Schnittstellen in Bezug auf Richtigkeit (wie auch in Bezug auf Zugriffsgeschwindigkeit) von ausschlaggebender Bedeutung.

Schnelligkeit / Zeit

- Schnelligkeit in der Umsetzung und in "Time To Market". Durch die Umsetzung übermäßig großer und komplexer Prozesse verzögert sich die Realisierung von Kundennutzen und das Risiko von Fehlern mit notwendiger Nacharbeit. Es ist immer sinnvoll, Komplexität so weit wie möglich zu

reduzieren oder aufzuteilen, um damit schnelle Umsetzung und reduzierte Anfälligkeit zu ermöglichen.
- Nur ein einheitliches Verständnis von Prioritäten und ein tiefgreifendes Commitment zu einem gemeinsamen Umsetzungsziel führen zu zeitnaher Realisierung von Nutzen und Geschäftswert. Wo dies nicht der Fall ist oder Umsetzungsmaßnahmen nicht von allen Beteiligten mitgetragen und unterstützt werden, ergeben sich häufig Verzögerungen in der Umsetzung und damit im schlimmsten Fall eine Reduktion oder gar der Wegfall der Möglichkeit zur Realisierung von Geschäftswert.
- Die Ressourcensituation für die Umsetzung und die Möglichkeit, bei Bedarf Ressourcen auch zu skalieren, ist essenziell für eine zügige Realisierung von Geschäftswert.

Kosten

- Voraussetzung für eine schnelle und kosteneffiziente Realisierung ist eine ausreichende Priorisierung und Fokussierung auf nutzenstiftende Anforderungen. Kann dies nicht sichergestellt werden, hat das in den meisten Fällen negative Einflüsse auf Umsetzungs- und anschließende Wartungskosten.
- Viele Organisationen haben längst erkannt, dass sie mit laufendem Organisationswachstum Flexibilität und die Fähigkeit, schnell auf Veränderungen zu reagieren, verlieren. Zu groß wird mit der Zeit der Aufwand für interne Abstimmung und Kommunikation. Auch ist klar ersichtlich,

dass durch die laufenden Kosten für die Aufrechterhaltung der Organisation Bereitschaft und Mittel zur Innovation und Weiterentwicklung oft schrumpfen, weil entsprechende Prozesse sich großen administrativen und organisatorischen Hürden gegenübersehen. So ist es nicht verwunderlich, dass gerade viele Großkonzerne Bereiche in Start-ups auslagern, um einerseits die Reaktionsgeschwindigkeit zu vergrößern und andererseits auch Kosten einzusparen.

- Nur wenn sichergestellt werden kann, dass die Realisation von Dienstleistungen und die damit verbundenen Kosten einem entsprechenden Nutzen gegenüberstehen, wird auch in nutzbringende Innovation investiert werden.

Die VUCA-Welt

"VUCA ist ein Akronym für die englischen Begriffe

- *volatility ‚Volatilität' (Unbeständigkeit),*
- *uncertainty ‚Unsicherheit',*
- *complexity ‚Komplexität' und*
- *ambiguity ‚Mehrdeutigkeit'.*

Es beschreibt schwierige Rahmenbedingungen der Unternehmensführung. Der Begriff entstand in den 1990er Jahren am United States Army War College (USAWC) und diente zunächst dazu, die multilaterale Welt nach dem Ende des Kalten Krieges zu beschreiben. Später breitete der Begriff sich auch in andere Bereiche strategischer Führung und auf andere Arten von Organisationen aus, vom Bildungsbereich bis in die Wirtschaft.

Eine Strategie zum Überleben in der VUCA-Welt leitet sich ebenfalls von der Abkürzung ab, nämlich: vision ‚Vision', understanding ‚Verstehen', clarity ‚Klarheit', agility ‚Agilität'."[4]

Die Existenz einer VUCA-Welt wird im Allgemeinen als einer der größten Treiber für das Entstehen und die laufende Weiterentwicklung agiler Vorgehensweisen und Methoden angesehen. Der technologische Wandel beschleunigt sich durch eine komplexe Vielzahl von Rahmenbedingungen laufend. So nehmen immer mehr Menschen mit guter Ausbildung und internationaler Vernetzung an technologischer Weiterentwicklung sowohl auf Kundenseiten (Markt, Absatz) als auch auf Seiten der Entwicklung teil. Unterstützt wird diese Entwicklung durch eine laufende technologische Entwicklung, welche Rechenleistung und Speicherplatz immer kostengünstiger und einfacher zur Verfügung stellt und technologische Hilfsmittel (Rechner, 3D-Drucker, Software u. v. a.) immer kostengünstiger zur Verfügung stellt und quasi weltweit verfügbar macht. Mit dieser immer schnelleren und umfassenderen Entwicklung müssen auch die zur Verfügung gestellten Produktentwicklungen und damit verbundenen Serviceleistungen Schritt halten. Globalisierung und Automatisierung führen dabei zu einem immer höheren Automatisierungsgrad, der wiederum höhere Anforderungen an die Ausbildung von am Prozess Beteiligten wie auch an die von diesen angebotenen Leistungen stellt.

---

[4] Quelle: Wikipedia.de (Zugriff 9/2020)

Externe Treiber

Ein paar der in unserem Kontext wichtigsten Entwicklungstreiber sind:

- Cloud-Technologie: Durch die Möglichkeit – statt in den Erwerb von Technologie zu investieren – diese bedarfsbasiert aus der Cloud zu beziehen, sehen sich selbst Kleinstunternehmen überall auf der Welt in die Lage versetzt, Hochtechnologie zu nutzen und damit Produkte und Dienstleistungen zu entwickeln und anzubieten.
- Globale Lieferketten: Durch das Wissen und die Möglichkeit des Zugriffes auf Leistungen von Anbietern überall auf dem Globus, hat sich die Wettbewerbssituation für Anbieter erheblich verändert. Plötzlich stehen Firmen in Angebotssituationen nicht nur gegen andere Anbieter im selben Land oder derselben Region. Mitbewerber ist plötzlich ein Anbieter auf einem anderen Kontinent, der womöglich mit anderen Kostenstrukturen und Rahmenbedingungen arbeiten kann und ggf. anderen regulativen oder administrativen Einschränkungen unterliegt.
- Automation: Zunehmend können immer komplexere und anspruchsvollere Anforderungen kostengünstig und einfach automatisiert werden. So kann es sein, dass Weltkonzerne mit riesigen Mitarbeiterressourcen sich im Wettbewerb mit Kleinanbietern sehen, welche vergleichbare Leistungen im

Extremfall vollständig automatisiert – ohne die Notwendigkeit eines Eingriffs durch Personen – erbringen. Damit ergeben sich plötzlich völlig neue Marktsituationen und es werden plötzlich völlig neue Vergütungsmodelle möglich.

- Eine digitale, disruptive Konkurrenz: Durch den Einsatz moderner Technologien und verteilter Strukturen sowie durch globale Vernetzungen sind Firmen in der Lage, Entwicklungen, welche früher teils Jahre in Anspruch genommen haben, durch Kombination von weltweit verfügbaren Services und Ressourcen oft innerhalb von Tagen und Wochen zu realisieren und global auszurollen. Damit haben Organisationen, welche solche Herangehensweisen unterstützen und zum eigenen Nutzen einsetzen, einen von traditionell arbeitenden Organisationen nicht einholbaren Wettbewerbsvorteil.

Organisatorische Ziele von DevOps

Im Kontext der genannten externen Treiber ist es notwendig, IT als Dienstleistungsbereich anders zu verstehen und einzusetzen. DevOps bietet dafür entsprechende Werkzeuge und Vorgehensweisen. Damit dies gelingt, muss DevOps die folgenden organisatorischen Ziele verfolgen. Sie zu erreichen bedingt oft eine tiefgreifende, digitale Transformation, welche Mindset und gelebte Werte sowie organisatorische Prozesse, Fähigkeiten und Strukturen umfasst.

- Bessere Integration von IT und Betrieb: Nur wenn sich IT als interner Dienstleister des Betriebs versteht und der Betrieb wiederum versteht, dass IT nur dann Werte realisieren kann, wenn der Betrieb dessen Fachkompetenz einbringt, besteht die Möglichkeit, Nutzen in einer von den Anwendern benötigten Qualität zu realisieren.
- Kurze Zeit zur Markteinführung: Kurze Realisierungsfristen bedingen eine klare Fokussierung. Statt der eierlegenden Wollmilchsau werden Lösungen für konkrete Probleme benötigt. Durch frühe Releases von nutzbaren Teillösungen lässt sich frühzeitig Nutzen realisieren und sicherstellen, dass realisierte Anwendungen dem Kundennutzen entsprechen. Automatisierte Ansätze ermöglichen eine höhere Frequenz der Auslieferung.
- Höhere Produktivität: Höhere Produktivität lässt sich durch eine Kombination von geeignetem Werkzeugeinsatz kombiniert mit optimierten Prozessen, fachlicher Kompetenz und motivierten Mitarbeitern erzielen.
- Effizientere Reaktion auf Veränderungen und Probleme: Die Einstellung zu Veränderungen ist essentiell. Darauf aufbauend werden geeignete Prozesse und Werkzeuge eingesetzt, welche eine schnelle, zielführende Reaktion auf Veränderungen und Herausforderungen ermöglichen.
- Verbesserte Code- und Bereitstellungsqualität: Die Qualität des erstellten Codes sowie dessen Bereitstellung reduziert Wartungs- und Nachbesserungsaufwände und führt zu einem schnelleren und umfangreicheren Einsatz und dem sich daraus ergebenden Nutzen.
- Transparenz: Transparenz ist Grundvoraussetzung für zielführende Entscheidungen. Je mehr diese Transparenz

auch auf Team-Level sichergestellt wird, desto zielführender kann das Team auch entscheiden und dadurch einen Geschwindigkeitsvorteil realisieren.

- Agilität: Agilität meint nicht den Einsatz agiler Werkzeuge und Frameworks, sondern ein entsprechendes Mindset und passende Werte. Sie bilden die Grundlage für flexible Reaktionen auf Veränderungen und konstantes Lernen als Grundlage für laufende Prozess- und Serviceverbesserung.

Damit ist es notwendig, dass Voraussetzungen auf drei Ebenen gegeben sind:

- Werkzeuge – wir brauchen Werkzeuge, welche einen hohen Grad an Automatisierung und Integration unterstützen
- Prozesse – wir benötigen einfache, flexible Prozesse mit ausreichenden Freiheitsgraden, damit auf unvorhersehbare Situationen schnell und effizient reagiert werden kann.
- Kultur – wir brauchen eine Firmenkultur, welche Zusammenarbeit, Innovation und Automation fördert und Silodenken verhindert.

Die Hindernisse

Der Realisierung der beschriebenen Ziele steht insbesondere ein in vielen Organisationen ausgeprägtes Silodenken entgegen. Silodenken beschreibt die Situation in vielen Unternehmen, dass Mitarbeiter und Teams sich in ihrer Tätigkeit darauf beschränken, die eigene Arbeit gemäß den geltenden Anweisungen zu tun, dabei aber die Sicht auf das Ganze, den Gesamtprozess, die Realisierung des Nutzens für die Kunden verlieren. Abteilungen versuchen sich teils zu profilieren, indem gegeneinander gearbeitet wird. Der Blick für das große Ganze kommt abhanden. Ziel wäre ein systemischer Ansatz[5].

---

[5] *Systems Thinking bedeutet zu verstehen, dass die eigene Funktion / Tätigkeit ein verknüpfter und verflochtener Teil eines durch Grenzen definierten größeren Systems ist. Dieses System ist auch mehr ist die Summe seiner Einzelteile.*

Wikiversity schreibt:

"Systems thinking is the ability or skill to perform problem solving in complex system. System theory or systems science is the interdisciplinary study of systems in which System Thinking can be learned. A system is an entity with interrelated and interdependent parts; it is defined by its boundaries and it is more than the sum of its parts (subsystem). Changing one part of the system affects other parts and the whole system, with predictable patterns of behavior. Positive growth and adaptation of a system depend upon how well the system is adjusted with its environment, and systems often exist to accomplish a common purpose (a work function) that also aids in the maintenance of the system or the operations may result in system failure. The goal of systems science is systematically discovering a system's dynamics, constraints, conditions and elucidating principles (purpose, measure, methods, tools, etc.) that can be discerned and applied to systems at every level of nesting, and in every field for achieving optimized equifinality.

Ein Phänomen, welches sich in vielen Organisationen zeigt und welches das Thema Silodenken sehr gut darzustellen vermag, wird unter dem Begriff "Mauer der Verwirrung" dargestellt.

"Die Mauer der Verwirrung ist ein Szenario, in dem Dev und Ops grundsätzlich nicht verstehen, warum die andere Seite so handelt, wie sie es tut, oder was ihre Bedürfnisse sind. Dies beeinträchtigt die Fähigkeit zusammen Geschäftswert zu liefern.[6]"

Beide Bereiche unterscheiden sich in vielen Fällen fundamental in ihren Zielsetzungen und können doch nur dann maximalen Kundenwert realisieren, wenn sichergestellt ist, dass eine optimale Zusammenarbeit besteht.

General systems theory is about broadly applicable concepts and principles, as opposed to concepts and principles applicable to one domain of knowledge. It distinguishes, dynamic or active systems and static or passive systems. Active systems are activity structures or components that interact in behaviours and processes. Passive systems are structures and components that are being processed. E.g. a program is passive when it is a disc file and active when it runs in the RAM memory. The field is related to systems thinking and systems engineering."

[6] Quelle: Peoplecert: DevOps Foundation, Deutsch

Development strebt nach Agilität, schneller Umsetzung und Innovationskraft, wohingegen ein Operations-Betrieb sich Stabilität, Compliance und einen hohen Reifegrad wünscht. Diese so unterschiedlichen Erwartungshaltungen werden nicht zuletzt von Seiten der Kunden an die beiden Bereiche herangetragen. Solange die beiden Bereiche es nicht schaffen, Prozesse gesamtheitlich zu betrachten und gemeinsam zu optimieren, werden lokale Verbesserungsmaßnahmen tendenziell dazu führen, dass der jeweils andere Bereich potentiell eine Schwächung seiner Ziele erfährt. Ein bekanntes Phänomen ist die nachfolgend beschriebene Abwärtsspirale:

1. Operations findet eine Schwachstelle. Unter dem äußeren Druck des Kunden besteht aber keine Möglichkeit / Kapazität, die Schwachstelle anzugehen, woraus mit der Zeit ein Fehler resultiert.
2. Development soll den Fehler so schnell wie möglich beheben. Die Umsetzung wird schnellstmöglich umgesetzt und produktiv gesetzt. Technische Schulden[7] entstehen. Man

---

[7] Wikipedia.de (9/2020):

"Technische Schulden oder Technische Schuld (englisch technical debt) ist eine in der Informatik gebräuchliche Metapher für die möglichen Konsequenzen schlechter technischer Umsetzung von Software. Unter der technischen Schuld versteht man den zusätzlichen Aufwand, den man für Änderungen und Erweiterungen an schlecht geschriebener Software im Vergleich zu gut geschriebener Software einplanen muss.

plant das Ganze stabiler und besser zu gestalten, wenn etwas mehr Zeit ist (was nie der Fall sein wird).
3. Durch die Tatsache, dass der Bugfix aufgrund des äußeren Drucks keinen ausreichenden Qualitätssicherungsmaßnahmen unterworfen wurde, ergeben sich wiederum neue Schwachstellen und der Ablauf geht von vorne los.

Es muss ein zentrales Ziel jeder Verbesserungsmaßnahme sein, ein Bewusstsein für den Gesamtprozess zu erreichen und damit das Silodenken zu überwinden.

DevOps wurde entwickelt, um die IT dabei zu unterstützen, ein Gleichgewicht zwischen Veränderungen und Stabilität zu finden, welche Unternehmen zur Wertlieferung benötigen.

Damit verbunden sind die folgenden Ziele:

Der Begriff „Technische Schulden" wird von Informatikern wie Ward Cunningham, Martin Fowler, Steve McConnell oder Robert C. Martin verwendet, um Managern und anderen Stakeholdern von Softwareprojekten klarzumachen, dass das Aufschieben von Maßnahmen zur Sicherung und Erhöhung technischer Qualität die Softwareentwicklung nicht beschleunigt, sondern verlangsamt – je länger desto mehr.

Technische Schulden unterscheiden sich von Anti-Pattern insofern, als die Entscheidung, technische Schulden zu machen, auch bewusst und nach Abwägung der Vor- und Nachteile getroffen werden kann, während Anti-Pattern immer eine Folge von Faulheit und Unprofessionalität sind."

- Schnelle Lieferung von Features
- Zusammenarbeit und Kommunikation stärken
- Schnelle Problemlösung
- Continuous Software Delivery
- Produktive Teams
- Komplexitätsreduktion
- Innovation stärken

Prinzipien und Konzepte von DevOps

DevOps kennt drei Grundprinzipien, welche unter anderem im Buch "Phoenix-Projekt" und im DevOps-Handbuch beschrieben werden.

- Die drei Wege
- Ausgereifte technische Fähigkeiten und Managementpraktiken
- Das CALMS-Framework (Culture, Automation, Lean, Measurement, Sharing)

Sie bilden die Grundlage, auf der all das, was wir oft unter dem Begriff DevOps verstehen, basiert, und wie so oft ist das Verstehen dieser Grundlagen auch in DevOps grundlegend dafür, ob eine Organisation DevOps wirklich nutzbringend einsetzt, einfach eine Art von DevOps-Theater spielt oder DevOps tatsächlich lebt und auch in der Lage ist, DevOps für die eigenen Fragestellungen im eigenen Kontext zielführend einzusetzen. Tatsächlich ist der Vollständigkeit halber zu sagen, dass, da DevOps keinen einheitlichen Standard besitzt, manche Strömungen weitere oder abweichende Prinzipien formuliert haben, wobei es sich in manchen Fällen auch nur um andere Bezeichnungen oder Formulierungen handelt, welche womöglich mehr einem Wunsch nach "etwas Eigenem" entsprechen, als dass sie sich wirklich fundamental unterscheiden würden.

Die drei Wege

Die drei Wege sind das erste Prinzip, welches wir genauer betrachten wollen. Es handelt sich dabei um Folgendes:

- Der erste Weg: Prinzipien des Flusses
- Der zweite Weg: Prinzipien des Feedbacks
- Der dritte Weg: Prinzipien des kontinuierlichen Lernens

Der erste Weg: Prinzipien des Flusses

Der erste Weg befasst sich hauptsächlich mit der Beschleunigung des „Arbeitsflusses" während eines Prozesses. Gene Kim[8] bezeichnet den "Ersten Weg" auch als Systemdenken. Ziel

des ersten Weges ist es, den Arbeitsfluss als kontinuierliches System zu organisieren, das kontinuierlich optimiert und verbessert wird. Es kommt also zu einer Fokus-Verschiebung vom Silo- / Abteilungs-Denken hin zum Prozessdenken. Wir beschäftigen uns damit, wie Produkte und Leistungen durch das Unternehmen hin zum Kunden fließen und dabei in den verschiedenen Prozessschritten weiterentwickelt oder veredelt werden.

---

[8] Autor einer Vielzahl von Büchern über DevOps wie "Phönix Projekt" oder "DevOps Handbuch"

Um dies sicherzustellen, ist es notwendig, den bestehenden Prozess zu kennen und dabei insbesondere auch Engpässe zu identifizieren. Dies erlaubt es, zielführende Optimierungen vorzunehmen und Hindernisse entweder zu entschärfen oder womöglich gar ganz zu eliminieren.

In diesem Kontext sei auf die Theory of Constraints (Engpass-Theorie) von Dr. Eliyahu M. Goldratt[9] verwiesen. Er beschreibt darin unter anderem, dass der Durchfluss eines Systems durch seine Engpässe limitiert wird. In einem Prozess kann also im Durchschnitt nicht mehr produziert werden, als sein größter Engpass produziert. Soll der Prozess somit optimiert werden, kann dies nur dann geschehen, wenn der Engpass behoben wird. Da dies manchmal nicht schnell geschehen kann, hat Goldratt einen Prozess in fünf Schritten definiert:

"Die fünf Fokussierungsschritte bilden den Kern der Engpasstheorie.

1. *"Identifiziere den Engpass" (englisch Identify the System's Constraints):[2] In jeder Wertschöpfungskette existiert genau ein System, das den Durchsatz begrenzt. In der Fertigung ist dies meist der Prozessschritt mit der geringsten Kapazität, im Projektmanagement ein bestimmtes Team oder eine Fähigkeit. Es können aber auch Managementkapazität, Denk-*

---

[9] eine sehr eingängige Schilderung bietet er dafür in seinem Buch "Das Ziel" an

und Kommunikationsbandbreite sein. Identifiziert wird der Engpass durch Analyse der Bestände oder durch die entsprechend angepassten Planungsprozesse.

2. *„Laste den Engpass voll aus"* (englisch *Decide How to Exploit the System's Constraints*): Nachdem der Fokus auf den Engpass gelegt wurde, wird offensichtlich, dass dieser Engpass typischerweise nicht optimal genutzt wird. Die Optimierung geht im Folgenden in zwei Richtungen. Zum einen muss dafür gesorgt werden, dass der Engpass nie leer läuft, also immer einen kleinen Arbeitsvorrat aufweist. Zum anderen muss der Engpass von allen Aufgaben entlastet werden, die nicht unbedingt im Engpass bearbeitet werden müssen.

3. *„Ordne alles der Auslastungsentscheidung unter"* (englisch *Subordinate Everything Else to the Above Decision*): Hier werden alle Unterstützungsprozesse systematisch am Engpass ausgerichtet. Es wird dafür gesorgt, dass nur so viel Arbeit im Gesamtsystem vorhanden ist, wie auch tatsächlich durch den Engpass verarbeitet werden kann. Es wird dafür gesorgt, dass im Engpass optimal gearbeitet werden kann, sprich eindeutige Prioritäten, Qualitätssicherung vor dem Engpass oder Verbesserung der eingesetzten Werkzeuge.

4. *„Behebe den Engpass"* (englisch *Elevate the System's Constraints*): Der nächste Schritt ist die Beseitigung des Engpasses. Dies erfolgt ausdrücklich nach den zwei vorangegangenen, da dies zumeist mit einer Erhöhung der Fixkosten verbunden ist und die Gefahr besteht, dass sich bestehende, ungünstige Managementparadigmen weiter verfestigen.

5. *„Bei Schritt 1 erneut beginnen" (englisch If in the Previous Steps a Constraint Has Been Broken, Go Back to Step 1): es existiert systemisch immer ein Engpass. Sobald ein Engpass aufgelöst wird, muss an anderer Stelle ein neuer entstehen. Es beginnt ein Kreislauf geprägt durch sprunghafte Verbesserungen.*

Die größte Herausforderung besteht darin sich nicht auf den Erfolgen auszuruhen, sondern auf den nächsten Engpass zu konzentrieren."[10]

Der zweite Weg: Prinzipien des Feedbacks

Der zweite Weg beschreibt das Prinzip des gegenseitigen und ständigen Feedbacks in alle Richtungen – also zum nachfolgenden Prozessschritt (Prozesskunden) wie auch zum vorangegangenen Prozessschritt (Prozesslieferant) und allen Phasen des Wertstroms. Gerade in Systemen hoher Komplexität wachsen auch Risiken für das Eintreten erheblicher Störungen. Durch Kommunikation und die Implementierung von Feedbackschleifen können sicherere, resiliente Arbeitssysteme entwickelt werden, welche es ermöglichen, Risiken frühzeitig zu identifizieren und daraus abgeleitet Maßnahmen zu entwickeln.

Einige der Schlüsselprinzipien des Zweiten Weges sind:

---

[10] Quelle: Wikipedia.de

- Maßnahmen treffen, um Probleme früher zu entdecken und entsprechend früher geeignete Maßnahmen ergreifen zu können.
- Qualität näher an die Quelle bringen. Dieses Prinzip bildet den Kern der DevSecOps-Bewegung, die sich mit der Behebung von Sicherheitsbedenken während des Entwicklungszyklus befasst und nicht am Ende, wenn Nacharbeiten zur Behebung schwieriger und kostspieliger sind.
- Entwicklung eines gemeinsamen Bewusstseins, welches darauf abzielt, Probleme frühzeitig gemeinsam zu lösen und daraus neues Wissen und neue Erfahrungen zu gewinnen.
- Probleme werden global/ganzheitlich angegangen und nicht nur Symptome lokal bekämpft.

Der dritte Weg: Prinzipien des kontinuierlichen Lernens

Wie ist Ihre Einstellung zu Fehlern? Ist Fehlermachen erlaubt, oder eher etwas, was Sie ablehnen? Vor einiger Zeit las ich ein Interview mit einem Topmanager eines internationalen Konzerns, der unter anderem äußerte: Wer bei uns Fehler macht – fliegt. Was hat dieser Mensch nun eigentlich wirklich gesagt? Er sagte: Wir wollen uns nicht weiterentwickeln, sondern das tun, was wir schon immer getan haben, und hoffen, dass wir uns damit auch längerfristig (zumindest solange wie ich in der Organisation bin) durchmogeln.

Fehler machen dürfen ist eine Grundlage von Weiterentwicklung. Die Voraussetzung dafür, Experimente zu machen. Das Prinzip des kontinuierlichen Lernens meint eigentlich eine Kultur kontinuierlichen Experimentierens und Lernens aus dem Prozess wie auch aus den sich ergebenden Resultaten. Damit wird Wissen und Erfahrung erzeugt.

> *"I have not failed. I've just found 10,000 ways that won't work."*

Thomas A. Edison

Voraussetzungen für die Implementierung einer Kultur kontinuierlichen Lernens sind:

- Das Institutionalisieren eines täglichen Fokus auf Verbesserung
- Sicherstellen, dass Wissen und Erfahrungen der ganzen Organisation zur Verfügung stehen
- Eine Führungskultur, welche zu Lernen und Weiterentwicklung ermutigt und dies auch aktiv fördert
- Eine Fehlerkultur, welche Fehler nicht als Makel, sondern als Lernmöglichkeit begreift.

- Transparenz, welche einen offenen Umgang mit Fehlern und Entwicklungen sicherstellt und so die Möglichkeit für schnelle Reaktionen bietet.

Ausgereifte technische Fähigkeiten und Managementpraktiken

In "Accelerate: The Science of Lean Software and DevOps: Building and Scaling High Performing Technology Organizations" beschreiben die Autoren die wichtigsten technischen Fähigkeiten und Managementtechniken, welche erfolgreiche DevOps-Teams einsetzen und laufend verfeinern:

Technische Praktiken

Die Autoren identifizieren im Bereich der technischen Praktiken drei Schlüsselbereiche:

- Kontinuierliche Lieferung (Continuous delivery)
- Die Architektur
- Produkt und Prozess

Kontinuierliche Lieferung (Continuous delivery)

Die Autoren haben ein Set von Praktiken beschrieben, welche schon für sich alleine mächtig sind, in der Kombination aber erst den vollen Erfolg kontinuierlicher Lieferung bringen[11]:

- Version Control (Versionskontrolle)
- Deployment automation (Bereitstellungsautomatisierung)
- Continuous integration (CI) (Kontinuierliche Integration)
- Trunk-based development (trunk-basierte Entwicklung)
- Test automation
- Test data management (Testdatenverwaltung)
- Shift left on security (DevSecOps)
- Continuous delivery (CD) (Kontinuierliche Lieferung)

Die Architektur

Architektonisch beschreiben die Autoren des Buches zwei Grundanforderungen an die Architektur. Sie soll ein hohes Maß an Testbarkeit und Bereitstellbarkeit gewährleisten. Dafür identifizieren die Autoren die folgenden beiden Themenkreise:

---

[11] die nachfolgend genannten Praktiken wurden im Praxisteil ausführlich beschrieben

- **Locker gekoppelte Architektur.** "Ziel ist es, dass Ihre Architektur die Fähigkeit von Teams unterstützt, ihre Arbeit zu erledigen - vom Entwurf bis zur Bereitstellung -, ohne dass eine Kommunikation mit hoher Bandbreite zwischen Teams erforderlich ist.[12]"
- **Befähigte Teams.** „Wenn Teams entscheiden können, welche Tools sie verwenden, trägt dies zur Leistung der Softwarebereitstellung und damit zur organisatorischen Leistung bei."

Produkt und Prozesse

Erfolgreiche DevOps-Teams setzen die folgenden Schlüsselprinzipien in ihren Produktmanagementprozessen ein:

- **Kundenfeedback:** Die Teams suchen während des gesamten Entwicklungsprozesses nach Kundenfeedback.
- **Wertstrom:** Zur schnellen Realisierung von Mehrwert ist eine kontinuierliche Prozessoptimierung notwendig.
- **Arbeiten in kleinen Mengen**: Kleinere Arbeitspakete ermöglichen die frühere Bereitstellung von MVP[13]s und

---

[12] Beide Aussagen sind freie Übersetzungen aus vorgenanntem Buch

[13] Minimum Viable Products - Wikipedia.de:

"Ein Minimum Viable Product (MVP), wörtlich ein „minimal überlebensfähiges Produkt", ist die erste minimal funktionsfähige Iteration eines Produkts, das entwickelt werden muss, um mit minimalem Aufwand

Funktionen. Damit kann auch früher von Kundenfeedback profitiert werden.

- **Durchführen von Teamexperimenten:** Teams, welche durch Experimente lernen, entwickeln sich und ihre Produkte schneller und nachhaltiger.

Managementpraktiken

Im Bereich der Managementpraktiken fokussieren die Autoren zwei Kernbereiche:

- Lean Management und Monitoring
- Organisationskultur

Lean Management und Monitoring

Lean Kultur hat ihr Fundament im Wunsch, dem Kunden schnell Nutzen zu liefern, indem Verschwendung im Prozess verringert und der Prozessablauf selber laufend optimiert wird. Lean umfasst viele Praktiken und eine eigene Philosophie. Einige der zentralen Praktiken in unserem Kontext sind:

---

den Kunden-, Markt- oder Funktionsbedarf zu decken und handlungsrelevantes Feedback zu gewährleisten."

- **Leichtgewichtige Änderungsprozesse:** Teams, welche selber oder via Peer-Freigabe Entscheide treffen können, können flexibler und schneller reagieren als solche, welche auf die Entscheidungen von externen Dritten warten müssen.
- **Automatisiertes Monitoring:** Durch den Einsatz automatisierter Monitoring-Lösungen stehen Informationen schneller als Grundlage für die Entscheidungen des Teams zur Verfügung.
- **Work in Progress Limits (WIP-Limits):** Durch den Einsatz von WIP-Limits wird die Anzahl der im Prozess befindlichen Arbeitseinheiten reduziert und angefangene Arbeiten können schneller abgeschlossen werden. Dieses Vorgehen unterstützt auch das Anliegen, fokussiert arbeiten zu können, was sich wiederum auf die Qualität auswirkt.
- **Visualisierung von Arbeit:** Durch die Visualisierung des Arbeitsfortschrittes, beispielsweise im Rahmen eines Kanban-Boards, werden die Grundlagen für fundierte und informierte Entscheidungen gelegt und eine laufende Prozessoptimierung kann unterstützt werden.

Organisationskultur

Veränderungen des Vorgehens und der erfolgreiche Einsatz von DevOps setzen Veränderungen in der Kultur einer Organisation voraus. Es muss die Bereitschaft zur Veränderung geben und ein Verständnis für die Notwendigkeit und Wichtigkeit dieses Prozesses. Ein paar zentrale Punkte dabei sind:

- **Aufbau einer Lernkultur:** Die Führung und Organisation muss die Weiterentwicklung der Mitarbeiter und Teams als ein wichtiges Anliegen definieren und dafür die notwendigen Rahmenbedingungen und Anreize schaffen.
- **Zusammenarbeit zwischen Teams:** Die Zusammenarbeit zwischen Teams, auch abteilungs- und bereichsübergreifend, ist ein wichtiges Ziel. Zum einen, um damit das Silodenken zu überwinden, und andererseits auch, um den Wissensaustausch und die Verfügbarkeit von Wissen sicherzustellen.
- **Arbeitszufriedenheit:** Nur Menschen, die sich mit ihren Arbeiten identifizieren und ein Commitment zu dem, was sie tun, abgeben können, werden auch die notwendige Leistungsbereitschaft und Kreativität einbringen können. Dies wirkt sich nicht zuletzt auch auf Fehlzeiten und berufsbedingte Krankheiten wie beispielsweise Burn-out positiv aus.
- **Transformative Führung:** Wir benötigen Führungspersonen, welche ihre Arbeit so verstehen, dass sie die optimalen Rahmenbedingungen schaffen müssen, damit ihr/e Team/s optimal arbeiten kann/können. Ein hierarchisch-direktives Führungsmodell und agiles Vorgehen schließen sich gegenseitig langfristig aus. Statt des Bildes eines Generals auf seinem Feldherrenhügel sollten wir eher jenes eines Coaches, der eine Entwicklung seines Teams begleitet, vor Augen haben.

C.A.L.M.S.

Das CALMS-Framework wird unter anderem dafür eingesetzt, um festzustellen, ob und in welchem Maße eine Organisation bereit ist, DevOps-Prozesse zu übernehmen resp. umzusetzen. Es basiert auf fünf Säulen:

- **Culture (Kultur)** - Bevor Silos abgerissen werden können, muss es eine Kultur der gemeinsamen Verantwortung geben oder zumindest die Bereitschaft und Unterstützung des Managements dafür geben, dass ein solcher Kulturwandel vorangetrieben werden kann.
- **Automation (Automatisierung)** - Teams, die eine DevOps-Transformation durchführen, sollten so viele manuelle Aufgaben wie möglich automatisieren, insbesondere im Hinblick auf die kontinuierliche Integration und Testautomatisierung.
- **Lean** - Entwicklungsteams nutzen Lean-Prinzipien, um Verschwendung zu vermeiden und den Wertstrom zu optimieren. Dazu gehören beispielsweise Praktiken, wie sie im Kontext von wissensbasiertem Kanban (Kanban IT) eingesetzt werden: Einsatz von WIP-Limits, Visualisierung der Arbeit, transparente Prozesse und Reduktion von Wartezeiten.
- **Measurement (Messung)** - Die Organisation stellt sicher, dass die als Basis für Verbesserungsmaßnahmen notwendige Erfassung von Daten sichergestellt wird. Nur durch diese Daten ist es möglich, festzustellen, ob und in welchem Maße

Verbesserungen eintreten und ob bei Bedarf notwendige Maßnahmen zu ergreifen sind.
- **Sharing (Teilen)** - Eine Kultur der Offenheit und des Teilens und der Teilhabe innerhalb und zwischen Teams sorgt dafür, dass alle auf die gleichen Ziele hinarbeiten, und verringert die Reibung bei Übergaben, wenn Probleme auftreten.

Wenn wir uns nun diese Grundlagen von DevOps ansehen, stellen wir fest, dass sie primär drei Grundpfeiler haben. In Englisch spricht man dabei auch von den 3Cs: Culture - Collaboration - Continuous Improvement (also Kultur, Zusammenarbeit und kontinuierliche Verbesserung). Sie bilden die konzeptionelle Grundlage für DevOps.

DevOps und die Organisation

Die DevOps-Kultur

Die Kultur einer Organisation besteht aus den gemeinsamen Annahmen und Werten, die innerhalb einer Organisation gelebt werden. Diese können erheblich von den nach außen kommunizierten Werten abweichen. Organisationskultur macht sich an den beobachtbaren Verhaltensmustern innerhalb eines Unternehmens fest, also so, wie sie den Alltag der Mitarbeiter bestimmt. Sie entsteht im Kontext von Umgebung (Gesellschaft, Branche) etc. Dabei besteht die Möglichkeit, dass die Kultur einer Organisation in verschiedenen Bereichen, z. B. Abteilungen, unterschiedlich ist. So beobachtet man immer wieder, dass beispielsweise IT- oder Kreativabteilungen in ihren Werten und ihrer Kultur von jenen der Gesamtorganisation abweichen.

Zentrale Eigenschaft einer Kultur, welche DevOps begünstigt, ist Zusammenarbeit über Bereichs- und Abteilungsgrenzen hinweg. Sie bedarf einer Abkehr von jeglichem Silodenken. Grundlagen für eine solche Zusammenarbeit bilden Kommunikation, Transparenz, Vertrauen und Verantwortlichkeit. Sind diese nicht gegeben, ist eine produktive Zusammenarbeit nicht möglich.

DevOps benötigt nun eine ganz besondere Form der Zusammenarbeit zwischen den Teams in der Entwicklung und den Operations. Es ist notwendig, dass Dev und Ops Prioritäten und Ziele teilen, um dabei die Silos, die heute ein Problem in der IT sind, niederzureißen. Dabei müssen Prozesse und Wissen geteilt werden, um einen Durchfluss gemäß dem Ersten Weg zu erreichen. Beim Zweiten Weg geht es um das Teilen von Feedback, wie es für DevOps kritisch ist. Die Basis davon ist das Bewusstsein in den beiden Bereichen, dass Erfolg und Misserfolg immer beide Bereiche betrifft.

Die Werte und Kultur von DevOps fördern eine generative Unternehmenskultur. Der Soziologe Ron Westrum[14] hat drei Arten von Kulturen von Organisationen unterschieden: Pathologische, bürokratische und generative.

Pathologische	Bürokratische	Generative
Machtorientiert	Regelorientiert	Leistungsorientiert
wenig Zusammenarbeit	beschränkte Zusammenarbeit	hohe Zusammenarbeit
Überbringer schlechter Nachrichten werden "erschossen"	Überbringer schlechter Nachrichten werden ignoriert	Überbringer schlechter Nachrichten werden trainiert
Verantwortung wird vermieden	beschränkte Verantwortung	Risiken werden geteilt
Brückenbau wird entmutigt	Brückenbau wird toleriert	Brückenbau wird belohnt / unterstützt
Suche nach Sündenböcken bei Fehlern	Fehler führt zu Verurteilung	Fehler werden untersucht
Veränderungen werden hintertrieben	Veränderungen werden als Probleme betrachtet	Veränderungen sind erwünscht

---

[14] https://en.wikipedia.org/wiki/Ron_Westrum

Veränderungen von Kulturen und Zusammenarbeit haben ihre Auswirkung auf die Anforderungen an Führung und Führungsstil.

Transformationale Führung

James McGregor Burns führte das Konzept der transformationalen Führung in seinem 1978 erschienenen Buch "Leadership" ein. Er definierte transformationale Führung[15] als einen Prozess, in dem "Führer und ihre Anhänger sich gegenseitig auf ein höheres Maß an Moral und Motivation bringen".

Bernard M. Bass entwickelte später das Konzept weiter. In seinem 1985 erschienenen Buch "Leadership and Performance Beyond Expectations" beschreibt er eine solche Führungskraft:

---

[15] Wikipedia.de:

"Transformationale Führung ist ein Konzept für einen Führungsstil, bei dem durch das Transformieren (lat.: transformare – umformen, umgestalten) von Werten und Einstellungen der Geführten – hinweg von egoistischen, individuellen Zielen, in Richtung langfristiger, übergeordneter Ziele – eine Leistungssteigerung stattfinden soll. Transformationale Führungskräfte versuchen, ihre Mitarbeiter intrinsisch zu motivieren, indem sie beispielsweise attraktive Visionen vermitteln, den gemeinsamen Weg zur Zielerreichung kommunizieren, als Vorbild auftreten und die individuelle Entwicklung der Mitarbeiter unterstützen. Die transformationale Führung ist zusammen mit der transaktionalen Führung Bestandteil des Full Range Leadership Models."

- Ist ein Modell für Integrität und Fairness.
- Setzt klare Ziele.
- Hat hohe Erwartungen.
- Ermutigt andere.
- Bietet Unterstützung und Anerkennung.
- Rührt die Emotionen der Menschen.
- Lässt die Leute über ihr Eigeninteresse hinausblicken.
- Inspiriert Menschen, nach dem Unwahrscheinlichen zu greifen.

Mehr als 25 Jahre nach Erscheinen des Buches von Bass wird transformationale Führung oft als eine der wichtigsten Ideen in der Unternehmensführung angesehen.

Nachfolgend eine gängige Darstellung, welche in vier Schritten darstellt, wie transformationale Führung angegangen werden kann:

1. Eine inspirierende Vision für die Zukunft schaffen.
2. Menschen motivieren, sich auf die Vision einzulassen und sie umzusetzen.
3. Steuern der Umsetzung der Vision.
4. Immer stärkere, vertrauensvolle Beziehungen zu Ihren Mitarbeitern aufbauen.

Verwenden Sie diese Schritte zusammen mit den unten beschriebenen Tools, um Ihre transformativen Führungsqualitäten zu entwickeln.

Schritt 1: Erstellen Sie eine inspirierende Vision

Transformationale Führung basiert auf einer gemeinsam geteilten, inspirierenden Vision, der die beteiligten Menschen folgen sollen.

Die Vision legt den Zweck des Teams oder der Organisation fest. Sie muss mit den Werten der beteiligten Personen korrelieren. Visionen, welche die Werte der Beteiligten nicht unterstützen, werden nicht als attraktiv und unterstützend wahrgenommen.

Wenn Sie eine Vision für Ihr Team entwickeln, beginnen Sie mit der Mission und Vision des Unternehmens und untersuchen Sie, wie Ihr Team direkt dazu beitragen kann.

Schritt 2: Menschen motivieren, sich auf die Vision einzulassen

Es reicht nicht, nur eine gemeinsame Vision zu teilen. Der nächste Schritt muss sein, die involvierten Menschen dazu zu bringen, an der Realisation der Vision mitarbeiten zu wollen.

Der Einsatz von Business Storytelling kann dabei unterstützen, Menschen einen Handlungsimpuls zu geben: Dies wird den

Menschen helfen, die positiven Auswirkungen Ihrer Vision auf die Menschen zu schätzen, denen Sie helfen möchten. Dies kann nur dann erfolgreich sein, wenn die Vision auch attraktiv ist. Eine Vision, welche den Werten von Menschen zuwiderläuft oder diese nicht unterstützt, wird kaum Handlungsimpulse setzen können.

Sprechen Sie über Ihre Vision. Verknüpfen Sie sie mit den Zielen und Aufgaben der Menschen, um ihnen einen Kontext zu geben, und helfen Sie den Menschen, zu sehen, wie sie dazu beitragen können.

Transformationale Führer wissen, dass nichts Bedeutendes passiert, wenn sie ihre Leute nicht ermutigen. Sie kennen verschiedene Arten der Motivation und setzen diese ein, um ihr Team zu unterstützen.

Schritt 3: Steuern der Umsetzung der Vision

Eine gemeinsame Vision ist eine wichtige Grundlage. Der nächste Schritt ist die Umsetzung der Vision. Dies ist oft harte Arbeit, die Ausdauer und Einsatz benötigt. Viele Führungskräfte glauben, dass es mit der Kommunikation der Vision getan sei und deren Realisierung nun ans Team abgegeben werden könne.

Um die Umsetzung Ihrer Vision zu steuern, muss effektives Projektmanagement mit klarem Änderungsmanagement kombiniert werden. Dies bildet die Grundlage, um Änderungen mit Unterstützung der Mitarbeiter zu realisieren. Dazu sind klare Rollen und Verantwortlichkeiten zu definieren, welche die gemeinsam entwickelten Pläne unterstützen. Jeder muss seinen Anteil an der Realisierung verstehen und wissen, woran sein Erfolg gemessen wird (SMARTe Ziele). Dabei ist es immer notwendig, kurzfristige Aktivitäten mit den langfristigen Zielen und der Vision zu verknüpfen. Nur wenn dieser Zusammenhang verstanden wird, kann die gemeinsame Vision auch wirken.

Der gesamte Prozess verlangt sowohl seitens der Führung wie auch seitens des Teams Disziplin und Ausdauer. Dies ist besonders im Kontext von möglicherweise auftretenden Schwierigkeiten oder Hindernissen wichtig. Um diesen Prozess zu unterstützen, ist es wichtig, dass die Führungskraft auch präsent ist und zum einen die Wichtigkeit des Prozesses darstellt und andererseits bei Fragen oder Unklarheiten zur Verfügung steht.

Schritt 4: Bauen Sie immer stärkere, vertrauensvolle Beziehungen zu Ihren Mitarbeitern auf

Führung ist ein langfristiger Prozess und die Führungskraft muss ständig daran arbeiten, Beziehungen aufzubauen, Vertrauen zu gewinnen und ihren Mitarbeitern zu helfen, als Einzelpersonen zu wachsen.

Dabei ist sowohl der Kontakt zum individuellen Mitarbeiter wichtig, der es einem erlaubt, dessen Entwicklungsbedürfnisse und Ziele zu verstehen, als auch der Kontakt zum Team als Ganzes. Es geht darum, zu verstehen, was die einzelnen Mitarbeiter bewegt und motiviert.

Zugleich geht es auch darum, die Mitarbeitenden in ihrer Entwicklung zu unterstützen und sie dabei zu unterstützen, eigene Lösungen zu finden und damit ein kompetentes, von Selbstvertrauen und Vertrauen in die Führungsperson getragenes Team zu bauen.

Im State of DevOps Report von 2017 werden fünf Merkmale einer transformationalen Führungskraft dargestellt:

- Vision
- Inspirerende Kommunikation
- Intellektuelle Stimulation
- Unterstützende Führung
- Persönliche Anerkennung

Durch transformationale Führung unterstützen wir insbesondere die Entwicklung von selbstorganisierten, committeten Teams und damit eine Veränderung der Organisation als Ganzes.

DevOps-Strukturen und das Team

Was bedeutet es nun aber, ein selbstorganisiertes Team zu sein? In Scrum spricht man oft davon, dass es eine Charakteristik eines selbstorganisierten Teams sei, die Arbeit mit dem Ziel der Produktrealisierung selbst zu organisieren und selbst zu entscheiden.

Tatsächlich ist dies mehr ein Effekt der Tatsache, dass ein Team selbstorganisiert arbeitet, als dass ein Team tatsächlich selbstorganisiert ist. Um Letzteres zu erreichen, ist zweifellos eine weitergehende Veränderung notwendig. Selbstorganisierte Teams werden nur dann erfolgreich sein, wenn sie ein hohes Commitment für ihr Produkt oder ihre Leistung verspüren. Dabei verstehen sie, dass ihre Tätigkeit nicht Selbstzweck ist, sondern der Realisierung von Nutzen für den Kunden dienen muss. Entsprechend wird sich der Fokus von "Ich mache, was meiner Stellenbeschreibung entspricht / was ich machen soll" hin zu "Ich verstehe mich als Teil des Prozesses, mit dem Nutzen realisiert wird, und definiere die Qualität meiner Arbeitsleistung danach, wie ich zur Nutzenrealisation beitrage" verschieben.

Um dies zu ermöglichen, ist ein Selbstverständnis als Teil des Teams notwendig, was ein hohes Maß an Zusammenarbeit und Kommunikation, aber auch an kontinuierlicher Selbstkontrolle und Transparenz bedingt. Das Management bzw. die Führung ist dabei ein hilfreicher Unterstützer, der als Moderator und Trainer wirkt und seine Aufgabe darin sieht, seinem Team optimale Rahmenbedingungen für seine Tätigkeit und kontinuierliche Verbesserungen zu schaffen.

Um als selbstorganisierte Teams erfolgreich zu sein, sind passende Rahmenbedingungen notwendig. Der amerikanische Informatiker

Melvin Edward Conway formulierte dazu 1968 eine These, welche heute als "Conways Law"[16] in die Fachliteratur eingegangen ist.

---

[16] Wikipedia.de:

"Das Gesetz von Conway ist eine nach dem US-amerikanischen Informatiker Melvin Edward Conway benannte Beobachtung, dass die Strukturen von Systemen durch die Kommunikationsstrukturen der sie umsetzenden Organisationen vorbestimmt sind. Es wurde von Conway 1968 folgendermaßen formuliert:

"Organizations which design systems [...] are constrained to produce designs which are copies of the communication structures of these organizations."

„Organisationen, die Systeme entwerfen, [...] sind gezwungen, Entwürfe zu erstellen, die die Kommunikationsstrukturen dieser Organisationen abbilden."

– Melvin E. Conway

Das Gesetz von Conway basiert auf der Überlegung, dass für die Definition der Schnittstellen zwischen getrennten Softwaremodulen zwischenmenschliche Kommunikation notwendig ist. Daher haben die Kommunikationsstrukturen der Organisationen einen großen Einfluss auf die Strukturen dieser Schnittstellen.

Studien

Eine Studie der Harvard Business School kam zu dem Schluss, dass es starke Hinweise für die Korrektheit des Gesetzes von Conway gibt. Bei allen von ihnen untersuchten 12 Produkten aus 5 unterschiedlichen Anwendungsgebieten (Finanzmanagement, Textverarbeitung, Tabellenkalkulation, Betriebssystem, Datenbanksystem) korrelierte die

Er stellte darin dar, dass es einen grundlegenden Zusammenhang zwischen den Kommunikationsstrukturen von Organisationen und der von ihnen entworfenen Systeme gibt. Somit werden vertikal orientierte Organisationen oder Matrixorganisationen die Ziele selbstorganisierter Teams nur sehr beschränkt unterstützen. Stattdessen präferieren wir andere Organisationsmodelle für den erfolgreichen Einsatz von DevOps:

- **Produktorganisationen** - Also Organisation, wo es darum geht, die Konkurrenz zu schlagen. Produkte stehen im Wettbewerb zueinander. Zwar existiert trotzdem noch eine Struktur von Anweisung und Kontrolle, aber durch eine Unterstützung des Leistungsprinzipes stehen Leistung, Verantwortlichkeit und Innovation im Zentrum. Diese Rahmenbedingungen sind nicht ideal für das Entstehen und Funktionieren von selbstorganisierten Teams, bieten aber zumindest eine solide Grundlage, auf der sich eine entsprechende Entwicklung ergeben kann.
- **Adaptive Organisationen** - In dieser Organisationsform liegt der Schwerpunkt auf der Kultur und der damit verbundenen Übertragung von Verantwortung und Mitarbeitermotivation. Der Fokus verschiebt sich vom Shareholder zum Stakeholder und die ganze Struktur basiert auf Strukturen, welche weitgehend autonom und selbstorganisiert arbeiten, um damit eine hohe Reaktionsgeschwindigkeit bei reduziertem Overhead zu erreichen.

Kopplung der sie entwickelnden Organisationen mit der Modularität der Produkte."

Die Umsetzung von DevOps wird in der Praxis ganz unterschiedlich umgesetzt und nicht alle Umsetzungen sind im selben Maße zielführend.

Das zentrale Ziel der Umsetzung von DevOps innerhalb einer Organisation besteht darin, die Lieferung von Mehrwert für Kunden und das Geschäft zu verbessern. Dabei hat sich in den letzten Jahren gezeigt, dass es nicht eine einzig richtige Art des Setups von DevOps innerhalb einer Organisation gibt, sondern dieses abhängig von bestehenden Strukturen und Zielsetzungen unterschiedlich sein kann. In der Fachliteratur finden sich 5 Typen von DevOps-Teams, welche in unterschiedlichem Kontext als funktional wahrgenommen werden:

Typ1 - Reibungslose Zusammenarbeit

Damit wird sozusagen die Idealsituation dargestellt. Eine reibungslose Zusammenarbeit zwischen Dev- und Ops-Teams, die sich bei Bedarf jeweils spezialisieren und bei Bedarf intensiv zusammenarbeiten. Voraussetzung dafür, dass ein solcher Ansatz langfristig erfolgreich sein kann, ist es, die notwendigen organisatorischen Rahmenbedingungen zu setzen. Dev und Ops müssen ein klar zum Ausdruck gebrachtes und nachweislich wirksames gemeinsames Ziel haben (z. B. "zuverlässige, häufige Änderungen"). Beide Teams müssen die Wichtigkeit und den Nutzen des anderen, aber auch dessen notwendige Rahmenbedingungen verstehen und respektieren. Dieser Prozess wird unterstützt, wenn beide Organisationsbereiche dieselbe Führung haben.

Typ 2 - Vollständig eingebettet

In Organisationen des 2. Typs sind die Betriebsmitarbeiter (Ops) komplett in die Produktentwicklungsteams (Dev) eingebettet. Dabei ist die Trennung zwischen beiden Bereichen so weit aufgehoben, dass man eigentlich von einem Team sprechen kann, das sich stark auf einen gemeinsamen Zweck konzentriert. Diese Organisationsform ist vor allem da verbreitet, wo ein sehr starker Produktfokus besteht. In manchen Settings ist die Integration so stark, dass man eigentlich schon gar nicht mehr von einem eigenen Ops-Team sprechen kann (NoOps-Ansatz). Firmen, welche solche Settings einsetzen, sind Netflix oder Facebook.

Typ 3 - Infrastructure-as-a-Service

Gerade eher traditionell ausgerichtete IT-Organisationen, welche keine kurzfristigen organisatorischen Veränderungen umsetzen wollen oder können, werden auf das Modell Infrastructure-as-a-Service zugreifen. Dabei wird ein Team (möglicherweise ein virtuelles Team) innerhalb von Dev als Quelle für Fachwissen zu Betriebsfunktionen, Metriken, Überwachung, Serverbereitstellung usw. den größten Teil der Kommunikation mit dem IaaS-Team übernehmen. Dieses Team ist immer noch ein Entwicklerteam, das jedoch Standardpraktiken wie TDD (testgetriebene Entwicklung), CI

(Continuous Integration), iterative Entwicklung, Coaching usw. befolgt.

Durch die Tatsache, dass in diesem Modell eine direkte Zusammenarbeit mit Ops-Mitarbeitern zugunsten einer einfacheren Implementierung geopfert wird, ergeben sich im Allgemeinen gewisse Effektivitätseinbußen. Aus DevOps-Sicht ist dieser Ansatz nicht sehr erstrebenswert, in vielen Fällen aber ein erster Schritt im Rahmen einer weitergehenden Entwicklung.

Typ 4 - DevOps-as-a-Service

Gerade kleinere Organisationen haben oft schon aus finanziellen Gründen nicht die Möglichkeit, sich eine eigene Betriebsorganisation zu leisten, sondern betreiben ihre Software beispielsweise im Rahmen gemieteter, fremd betriebener Infrastruktur. Auch in diesem Kontext werden DevOps-Ansätze eingesetzt. Der externe Dienstleister bietet dann den Ops-Teil im Rahmen vertraglicher Vereinbarungen an. Das Maß an Zusammenarbeit wird davon bestimmt. In vielen Fällen sind solche Ansätze Zwischenschritte, um bei entsprechendem Wachstum auf Typ-3 oder Typ-1 umzusteigen.

Typ 5 - Temporäres DevOps-Team

Das temporäre Team hat die Mission, Dev und Ops näher zusammenzubringen, idealerweise in Richtung eines Typ-1 oder Typ-2

Modells, und sich dann aufzulösen. In der Zeit seines Bestehens setzt sich das temporäre Team dafür ein, gegenseitiges Verständnis zu schaffen und zwischen den beiden Teams zu vermitteln und zu übersetzen. Dabei können beispielsweise auch Tools und Methoden eingeführt werden, welche die Kommunikation vereinfachen und durch Visualisierung Situationen transparenter machen (beispielsweise im Rahmen von Kanban). Ziel ist es, in beiden Teams das Bewusstsein für die Wichtigkeit und den Nutzen der Zusammenarbeit zu fördern, bis die Teams zu einer direkten Zusammenarbeit im Rahmen von Typ-1 oder Typ-2 bereit sind. Es besteht dabei ein gewisses Risiko, dass durch diesen Ansatz das temporäre Team institutionalisiert wird und die beiden separaten Silos Dev und Ops erhalten bleiben.

DevOps-Anti-Typen

Selbstverständlich gibt es auch verschiedene Muster, welche nicht funktionieren, und oft als Anti-Typen oder Anti-Patterns bezeichnet werden.

- Separate Silos - Die beiden Silos arbeiten separat. Eine Zusammenarbeit findet nur unter Druck statt. Devops besteht quasi nur auf dem Papier.
- Das DevOps-Silo - Quasi die Verfestigung der als Typ-5 beschriebenen Situation. Statt dass die beiden Silos Dev und Ops aufgebrochen werden und zusammenarbeiten, wird ein dazwischenliegendes Team institutionalisiert, an das DevOps delegiert wird. Das kommt in der Praxis immer wieder vor,

bedeutet aber eine Zunahme der Komplexität und eine Abkehr von der Idee einer selbstorganisierten, kundenorientierten Teamentwicklung in den Silos zugunsten des Aufbaus einer neuen Organisationseinheit, welche quasi die Arbeit der eigentlichen Silos übernimmt. Wenn dieses Setting temporär ist (Typ-5) und max. 12-18 Monate anhält, kann das ein wichtiger Entwicklungsschritt sein, wird es institutionalisiert, ist der Ansatz kontraproduktiv.

- Ops-Ignoranz im Dev-Team - Entwickler unterschätzen oft die Wichtigkeit der Operations. Schließlich kommt vermeintlich alles "aus der Cloud". Dieser Ansatz führt oft zu einem Fokusverlust und langfristig dazu, dass das Entwicklerteam immer mehr Operationsaufgaben übernehmen muss und dadurch seine Produktivität und Qualität in Bezug auf die Entwicklung reduziert. Durch die Situation, dass der Kunde oft keine oder kaum Ansprechpartner aus Operationssicht bekommt, schwinden auch das Vertrauen und die Kooperation mit dem Entwicklungsteam, was grundsätzlich die Realisation von Kundennutzen gefährdet.

In drei Schritten zu DevOps

Wie wir gesehen haben, bestehen unterschiedliche Muster der Zusammenarbeit im DevOps- Bereich. Diese haben in unterschiedlichem Kontext Berechtigung und Nutzen. Der grundsätzliche Ansatz ist allerdings, dass eine entsprechende Entwicklung oft im Rahmen von drei Schritten stattfindet. Zunächst geht es darum, die Zusammenarbeit der beiden Bereiche Dev und

Ops zu verbessern. In einem zweiten Schritt wird oft ein DevOps gewidmetes Team implementiert, um schließlich funktionsübergreifende Teams zu erreichen.

Funktionsübergreifende Teams werden aus Vertretern aller Disziplinen, die für die Entwicklung und Bereitstellung eines Services verantwortlich sind, zusammengesetzt. Die Teams sind ermächtigt, selbstverwaltet und unabhängig. Dabei können solche Teams sowohl für spezifische Projekte als auch als permanente Organisationseinheiten eingesetzt werden. In solchen Teams brauchen wir praxisnahe Spezialisten. Oft unterschätzt wird dabei aber die Tatsache, dass ein gewisses Generalistentum gerade im Kontext von Kommunikation und Teamentwicklung von Bedeutung ist. In den letzten Jahren häufen sich Publikationen, welche T-Shape-orientierte Teams gerade auch im DevOps-Kontext für äußerst relevant halten.

T-Shape-Profile

T-Shape-Fähigkeiten sind eine Metapher, die verwendet wird, um die Fähigkeiten einer Person zu charakterisieren. Während der vertikale Balken "I" quasi die Tiefe oder Fundiertheit des Wissens in einem bestimmten Bereich darstellt, wird auf der Vertikalen "-" deren Breite dargestellt. Wir könnten also vereinfacht sagen, dass wir – je länger/tiefer die vertikale Ausprägung in einem Bereich ist – umso mehr von Expertentum im betroffenen Bereich sprechen können, wohingegen die Breite des Balkens die Breite der Wissensgebiete darstellt. Hätten wir also ein Profil was nur aus einem "I" besteht, so würden wir von einem Fachexperten in einem bestimmten Bereich sprechen können, wäre dagegen ein Profil eher eine horizontale Linie, so würden wir darunter einen Generalisten verstehen, der von sehr vielen Bereichen etwas weiß, aber nirgends viel fachliche Tiefe besitzt. Kontextwissen hilft nicht nur, dem Fachmann eine breitere Perspektive zu geben, sondern gibt diesem auch die Möglichkeit, Verbindungen zwischen Themen und Fähigkeiten herzustellen. Diese Fähigkeit ist somit der Grund, warum es für eine kontextübergreifende Disziplin wie DevOps interessant wird:

DevOps-Teams arbeiten an End-to-End-Projekten, die sich über das gesamte Unternehmen erstrecken. Dies bedeutet, dass DevOps-Experten die Elemente des Gesamtprozesses kennen und verstehen müssen, um zielführende Entscheidungen zu treffen. Entsprechend wichtig ist es, neben einem hohen Maß an Fachkompetenz auch ein Verständnis für den Kontext zu haben und dieses laufend weiter auszubauen.

Auf den ersten Blick würden die meisten Menschen sagen, dass sie idealerweise Teams aus Personen mit i-förmigem Profil zusammensetzen möchten. Ein Team voller Experten / Spezialisten müsste doch am schlagkräftigsten sein und damit den größten Kundennutzen realisieren. Tatsächlich zeigt sich in der Praxis, dass solche Expertenteams in den wenigsten Fällen wirkliche Teams werden, sondern eher eine Gruppe von Individualisten bleiben, in denen jeder seine Aufgabe wahrnimmt, wo aber der gegenseitige Austausch und das Lernen voneinander auf der Strecke bleibt. Das beinhaltet das große Risiko, dass sich einzelne Spezialisten verrennen und statt einer gemeinsamen Lösung eines Kundenproblems eine

Anzahl von eher lose zusammenhängenden Spezialistenlösungen entstehen, deren Zusammenhang im Extremfall eher theoretischer Natur ist. Das Ziel eines selbstorganisierten Teams ist es nicht, ein loser Zusammenschluss von Individualisten zu sein, sondern aus der Summe der gemeinsamen Kompetenzen und Erfahrungen Lösungen für Kunden zu entwickeln, welche diesen einen maximalen Nutzen bieten.

Schließlich fördert ein Setting, in welchem die einzelnen Mitglieder von Teams auch die Themen und Positionen der anderen wahrnehmen und sich damit auseinandersetzen, auch gegenseitiges Vertrauen und Austausch. Statt einer Gruppe von Einzelkämpfern entwickelt sich ein Team, welches im Idealfall soweit kommt, dass es als Team Verantwortung für die Weiterentwicklung und Umsetzung von Kundennutzen nicht nur theoretisch übernimmt, sondern auch tatsächlich wahrnimmt und trägt.

Prozesse und Verfahren

DevOps und andere Methoden

Anders als viele bekannte Frameworks ist DevOps nicht ein klar definierter Prozess oder ein fest definiertes Toolset. Vielmehr ist DevOps eine Herangehensweise; man könnte auch von einer Philosophie sprechen. So erklärt es sich auch, dass verschiedene Organisationen und Zertifizierer sehr unterschiedliche Vorstellungen davon haben, was DevOps ist. So ist es ganz normal, dass sich die verschiedenen DevOps-Ansätze aus unterschiedlichsten Quellen bedienen und unterschiedlichste Vorgehensweisen adaptieren. Der DevOps-Zertifizierer "Peoplecert" schreibt beispielsweise in seinen DevOps-Foundation-Unterlagen: *"Viele der Verfahren, die bei DevOps verwendet werden, passen bequem in den größeren Umfang des IT Service Managements und stammen aus verschiedenen anderen ITSM-Frameworks und -Methoden."*

In der Praxis werden insbesondere Methoden und Frameworks wie ITIL[17] (oder andere Service Management Frameworks), Lean oder Mitglieder der großen, agilen Familie im Rahmen von DevOps eingesetzt. Dies beruht unter anderem auch auf der Erfahrung, dass es oft einfacher ist, bestehende Praktiken basierend auf Erfahrungen anzupassen, als vollkommen neue zu entwickeln.

---

[17] ITIL® ist eine eingetragene Marke von AXELOS Limited und wird mit Erlaubnis von AXELOS Limited verwendet. Alle Rechte vorbehalten

ITIL und DevOps

Wenn wir ITIL im Kontext von DevOps einsetzen, so geht es nicht darum, quasi DevOps basierend auf ITIL-Prozessen nachzuahmen. Es muss mit den unterstützten Services und der zugrunde liegenden IT-Technologie angepasst werden. Ein wichtiger Teil einer solchen Herangehensweise ist die in ITIL enthaltene Kundenorientierung und das Ziel der Unterstützung eines organisationsweiten Wandels mit Ziel der Verbesserung/Optimierung.

Wenn wir von ITIL ausgehen, so ist es wichtig, das Selbstverständnis von ITIL zu verstehen. Es handelt sich dabei um einen Best Practice-Ansatz. Ziel ist dabei also nicht eine Verbesserung des Ansatzes (Best Practices verbessern ist per se eher schwierig, wenn auch nicht unmöglich), sondern dies zu verstehen und dann unter Berücksichtigung der Bedürfnisse und Zielsetzungen der Organisation zu betrachten.

ITIL wurde 1989 von der britischen Regierung initiiert und zunächst von der Central Computers and Telecommunications Agency (CCTA) verwaltet, die später in Office of Government Commerce (OGC) umbenannt wurde. Heute gehört es AXELOS, wird von diesem verwaltet und unterstützt. AXELOS ist ein Joint Venture, das 2014 von der britischen Regierung und Capita gegründet wurde, um Qualifikationen nach Best Practices zu entwickeln, zu verwalten und zu betreiben, die früher dem Office of Government Commerce gehörten.

Durch das stetige Wachstum der Wirtschaft und Märkte, verbunden mit einem immer höheren Grad an Automatisierung und Integration, wächst die Nachfrage nach Dienstleistungen (intern und organisationsübergreifend) laufend. Unternehmen setzen neue Technologien (IOT, AI, Blockchain, Cloud Computing usw.) ein, um das Kundenerlebnis zu verbessern. Aufgrund dieser Nachfrage aus dem Geschäftsleben wachsen Technologien schneller als je zuvor und haben die IT zu einem sehr wichtigen Treiber für das Geschäft gemacht. Daher mussten sich auch die Methoden und Verfahren für das IT-Service-Management weiterentwickeln.

ITIL ist ein branchenweit am häufigsten verwendetes Framework. ITIL hat sich ausgehend von der prozessbasierten Bereitstellung von Diensten zum Erbringer für End-to-End- Wertschöpfung entwickelt. ITIL4 konzentriert sich auf die gemeinsame Wertschöpfung durch Servicebeziehungen. Mit ITIL 4 wurde das Service Value-System eingeführt, um die Wertschöpfung zu ermöglichen. Das Service Value-System hat den Anspruch, der Organisation in allen Aspekten und Szenarien Unterstützung zu bieten. Es umfasst 5 Komponenten (Leitprinzipien, Governance, Service Value Chain (SVC), Praktiken und kontinuierliche Verbesserung).

Service Value System

In ITIL V3 ging das einmal erstellte Service-Design in die Implementierungsphase über. Es gab keine Anleitung zum Aufbau von Produkten und Dienstleistungen per Design. Es wurde direkt zur Implementierung / zum Übergang verschoben. Das Post-Design wurde erstellt. Diese Lücke in den Lebenszyklusphasen bot die Möglichkeit, andere Praktiken wie DevOps, Agile und andere einzubinden.

ITIL4 hat als eine der SVC-Aktivitäten Anleitungen zum Erhalten / Erstellen (obtain/build) eingeführt. ITIL4 schlägt vor, DevOps, Agile oder einige weitere zum Erstellen von SVC-Aktivitäten einzusetzen.

ITIL und DevOps – die Zusammenarbeit

ITIL4 und DevOps ergänzen sich gegenseitig. ITIL bietet Unterstützung für Produkte und Services, die mithilfe von DevOps-Methoden erstellt und bereitgestellt werden. ITIL 4 hat 7 Leitprinzipien als eine der Komponenten des Service Value-Systems eingeführt.

- Wertorientierung
- Dort beginnen, wo man steht
- Iterative Weiterentwicklung mit Feedback
- Zusammenarbeit und Transparenz fördern
- Ganzheitlich denken und arbeiten
- Auf Einfachheit und Praktikabilität achten
- Optimieren und Automatisieren

ITIL4 schlägt vor, diese Leitprinzipien als Grundwerte einer Organisation festzulegen und damit zur kontinuierlichen Verbesserung von Produkten und Dienstleistungen beizutragen. Sie würden als Leitplanken bei der Lieferung von Produkten und Dienstleistungen dienen. Da die Leitprinzipien sich auch auf die vier Werte des Agilen Manifests[18] zurückführen lassen, wird ITIL4 von den Entwicklern auch als "Agile ITIL" bezeichnet.

Eine zentrale Forderung von ITIL4 ist die kontinuierliche Verbesserung. Entsprechend wird gefordert, dass sich jeder in einer Organisation stetig auf eine kontinuierliche Verbesserung seiner täglichen Aktivitäten konzentrieren soll. ITIL4 konzentriert sich auf die Implementierung von Verbesserungen bestehender Produkte und Dienstleistungen sowie auf die Implementierung von Projekten zur digitalen Transformation. Wobei neue Anwendungen und Technologien gebaut und implementiert werden. Davon sind unterschiedliche Teams betroffen. Hauptsächlich betrifft dies die

---

[18] Agilemanifesto.org:

"Wir erschließen bessere Wege, Software zu entwickeln,

indem wir es selbst tun und anderen dabei helfen.

Durch diese Tätigkeit haben wir diese Werte zu schätzen gelernt:

Individuen und Interaktionen *mehr als Prozesse und Werkzeuge*

Funktionierende Software *mehr als umfassende Dokumentation*

Zusammenarbeit mit dem Kunden *mehr als Vertragsverhandlung*

Reagieren auf Veränderung *mehr als das Befolgen eines Plans*

Das heißt, obwohl wir die Werte auf der rechten Seite wichtig finden, schätzen wir die Werte auf der linken Seite höher ein."

Bereiche Dev (Entwicklung) und Ops (Operations/Betrieb). Der DevOps-Ansatz wird dabei sowohl zur Erstellung neuer Anwendungen und Toolsets als auch zu deren Bereitstellung und Einsatz verwendet.

Neben der Entwicklung neuer Produkte kann DevOps auch zur Verbesserung bestehender Produkte und der damit verbundenen Dienstleistungen in Bezug auf Betrieb und Änderungen eingesetzt werden. Dieser Prozess kann durch den Einsatz einer automatisierten Bereitstellungspipeline (deployment pipeline) unterstützt werden. Eine entsprechende Automatisierung kann auch die Zusammenarbeit der beteiligten Bereiche unterstützen.

ITIL 4 hat 34 ITIL-Praktiken, 14 allgemeine Managementpraktiken sowie 17 Service-Management-Praktiken und 3 technische Managementpraktiken eingeführt. ITIL 4 konzentriert sich mehr darauf, die gemeinsame Wertschöpfung zu ermöglichen, und dazu werden die Wertschöpfungskettenaktivitäten unternehmensweit und nicht nur auf die IT beschränkt betrachtet. Dadurch wird eine verstärkte Zusammenarbeit zwischen internen und externen Stakeholdern der Organisation unterstützt. ITIL4 zeigt sich dabei offen in Bezug auf die eingesetzten Frameworks und Methoden (auch über die Grenzen des Axelos-"Universums" hinaus).

Der in ITIL4 eingeführte SVC-(Service Value Chain)-Ansatz unterstützt schon bei der Erfassung von Geschäftsanforderungen für neue Produkte und Dienstleistungen oder bei der Verbesserung bestehender Produkte und Dienstleistungen. Die erste Aktivität in SVC besteht darin, mit Stakeholdern zusammenzuarbeiten, um deren

Anforderungen zu erfassen. Die zweite Aktivität besteht darin, einen „Plan" für diese Anforderungen zu erstellen. Die dritte Aktivität besteht darin, „Design & Transition" zu erstellen. Anschließend werden Komponenten unter der Aktivität "Abrufen / Erstellen" erstellt, unter der Aktivität "Design & Transition" getestet, in Ops bereitgestellt und schließlich unter der Aktivität "Deliver & Support" von SVC unterstützt.

DevOps kann dafür verwendet werden, die Bereitstellungspipeline zu automatisieren und damit Fehlerquellen zu reduzieren. Damit wird insbesondere auch der Weg zum Kundenfeedback optimiert und ein schnelleres Feedback ermöglicht, was die Erfolgsrate von Änderungen und Releases erhöht und damit zu einer Optimierung der Wertschöpfung für Verbraucher und Unternehmen beiträgt.

DevOps ermöglicht auch die Verwendung und Implementierung von Lean-Konzepten. Dies trägt zur Reduktion von Verschwendung bei, indem der Wert maximiert und der ROI verbessert wird, wodurch eine solide Grundlage für die Integration von ITIL4 und DevOps geschaffen wird.

Die folgenden Vorteile einer Kombination von ITIL4 und DevOps lassen sich identifizieren:

- Die Lösung von Problemen in einem strukturierten Rahmen führt zu schnelleren Lösungen für komplexe Probleme.

- Durch die Tatsache, dass ITIL4 eine Zusammenarbeit mit DevOps bereits vorsieht, fallen Schnittstellenprobleme und produktivitätsreduzierende Überschneidungen weg und beide Herangehensweisen können ihre Stärken voll ausspielen.
- Sowohl DevOps wie auch ITIL4 sehen die Wertschöpfung für den Kunden als ein zentrales Anliegen. Entsprechend entstehen keine Zielkonflikte, sondern eine gegenseitige Unterstützung.
- Verbesserte Produktivität und kontinuierliche Verbesserung vervollständigen das organisatorische Ziel, eine schnellere Kapitalrendite zu erzielen.

Lean und DevOps

Lean Thinking – die Grundlagen

Obwohl sich in der Geschichte schon früher Ansätze von Prozesssteuerung in der Produktion finden lassen, war Henry Ford der Erste, der den gesamten Produktionsprozess auch tatsächlich als Prozess umsetzte. Dabei ging sein Prozess von einer begrenzten Anzahl austauschbarer Varianten aus, welche er mit Standardteilen verband und damit einige unterschiedliche, auf denselben Standardteilen basierende Produktversionen ermöglichte. Wir sprechen von Montagelinien, welche es ermöglichten, die bestehenden Maschinen und Produktionsmitarbeiter maximal auszulasten.

So fortschrittlich Fords Ansätze auch waren, so ergaben sich damit doch auch erhebliche Probleme, welche nur deshalb nicht zum Tragen kamen, weil der Rest der Industrie zu diesem Zeitpunkt selbst noch nicht so weit war. Als dieser Rest soweit war, war er denselben Problemen unterworfen, während Ford bereits nächste Schritte anging. Das große Problem bestand darin, dass der Ansatz darauf basierte, eine sehr beschränkte Anzahl von Varianten liefern zu können (tatsächlich hatte der Kunde die Wahl zwischen vier oder fünf Karosserievarianten sowie einer Drop-On-Funktion von einem externen Lieferanten). Praktisch sah das so aus, dass es quasi für jedes Teil eines Ford-Automobils eine eigene Maschine zur Produktion gab, welche kaum oder nie umgestellt wurde. Mit einem solchen Ansatz bedeutete jede Modell- oder Versionsänderung einen immensen Aufwand.

Mit der Zeit verlangte der Markt nach mehr Abwechslung und Varianten. Es war nicht mehr möglich, ein Auto während 19 Jahren im Wesentlichen unverändert zu verkaufen. Zwischen 1908 und 1927 wurden in den Vereinigten Staaten 15 Mio. Stück des Modells "T" gebaut. Um dem Wunsch des Marktes zu entsprechen, reagierten die Automobilhersteller mit Produktionssystemen, deren Konstruktions- und Fertigungsschritte auf Prozessbereiche mit viel längeren Durchlaufzeiten zurückgingen. Im Laufe der Zeit füllten sie ihre Fertigungsstätten mit immer größeren Maschinen, die immer schneller liefen, anscheinend die Kosten pro Prozessschritt senkten, aber die Durchlaufzeiten und Lagerbestände kontinuierlich erhöhten. Dies erhöhte zwar die Lieferbereitschaft, zugleich aber auch die Kapitalbindung erheblich, da für jede Variante eine riesige Anzahl von Teilen auf Lager gehalten werden musste, was bei einem

Modellwechsel zusätzlich dazu führen konnte, dass riesige Lagerbestände abgeschrieben werden mussten.

Nach dem 2. Weltkrieg befand sich die Wirtschaft vieler Länder, insbesondere jener, welche den Krieg verloren hatten, in einer prekären Lage. Das Bankensystem in vielen Ländern lag am Boden und entsprechend war es schwer oder kaum möglich, an Kapital für die Produktion zu kommen, und die Verfügbarkeit vieler Rohstoffe war sehr beschränkt. Produktionsansätze, wie man sie in vielen Industriezweigen vor dem Krieg gekannt hatte, waren gerade in einem Land wie Japan kaum umsetzbar, da sowohl das Kapital fehlte, um große Lagerbestände zu erhalten, als auch die Verfügbarkeit der dafür notwendigen Materialien nicht gegeben war. Entsprechend sah sich die Leitung von Toyota der Notwendigkeit ausgesetzt, über Alternativen nachzudenken und sicherzustellen, dass die Kapitalbindung so gering wie möglich war, was sich im idealfall dann ergibt, wenn jedes erstellte Produkt bei Fertigstellung unmittelbar einen Kunden findet – oder noch besser, wenn der Kunde schon "da ist", wenn der Produktionsprozess beginnt. Um diesem Ideal nahezukommen, überdachte man bei Toyota den Produktionsprozess und formulierte als Ziel die Umsetzung von Maßnahmen, welche einen kontinuierlichen Prozessfluss sowie eine Vielzahl von Produktangeboten bei möglichst geringer Lagerhaltung gewährleisten sollten. Die ersten Schritte dessen, was wir heute als Toyota-Produktionssystem kennen, waren geboren.

Dieses System verlagerte im Wesentlichen den Fokus des Fertigungsingenieurs von einzelnen Maschinen und deren Verwendung auf den Produktfluss durch den gesamten Prozess.

Toyota kam zu dem Schluss, dass durch die richtige Dimensionierung der Maschinen für das tatsächlich benötigte Volumen – in Kombination mit die Qualität selbst überwachenden Maschinen – eine Anordnung der Maschinen, basierend auf der Prozesssequenz, sowie eine Optimierung der Geräte in Hinblick auf eine schnelle Umrüstung auf neue Teile gemäss dem aktuellen Materialbedarf dazu führen würde, kostengünstig, vielfältig, qualitativ hochwertig und vor allem in kurzen Durchlaufzeiten Produkte zu erstellen und damit sehr schnell auf sich verändernde Kundenwünsche reagieren zu können. Daneben wurde erkannt, dass auch das Informationsmanagement viel einfacher und genauer gestaltet werden musste.

Basierend auf den Erkenntnissen des Toyota-Produktionsprozesses veröffentlichten James P. Womack, Daniel Roos und Daniel T. Jones ein Buch mit dem Titel "Lean Thinking", das die Grundlagen von Lean legte, welche in einem Nachfolgeband 1996 auf fünf Prinzipien fokussiert wurden.

Der Denkprozess von Lean wurde in dem Buch "Die Maschine, die die Welt veränderte" (1990) ausführlich beschrieben. In einem nachfolgenden Band, Lean Thinking (1996), haben James P. Womack und Daniel T. Jones diese Lean-Prinzipien noch weiter auf fünf reduziert[19]:

---

[19] Wikipedia.de:

"Den Wert aus Sicht des Kunden definieren

Den Wert aus Sicht des Kunden definieren heißt, genau zu prüfen, was produziert werden soll, und die Produkte exakt auf die Bedürfnisse des Kunden abzustimmen. Dies ist ein wichtiger erster Schritt bei allen Lean Überlegungen. Der Kunde soll zur richtigen Zeit am für ihn richtigen Ort das auf seine Bedürfnisse zugeschnittene Produkt in der bestmöglichen Qualität zu adäquaten Preisen bekommen.

Den Wertstrom identifizieren

Den Wertstrom identifizieren, bedeutet die detaillierte Betrachtung der Prozesse, die für die Erstellung der Leistungen vom Rohmaterial bis zum Kunden notwendig sind. Der sogenannte Wertstrom beschreibt alle Aktivitäten, die zur Herstellung des Produktes oder der Dienstleistung erforderlich sind. Die Konzentration auf diese wertschöpfenden Prozesse vermeidet Verschwendung und unterstützt die Ausrichtung auf die Kundenbedürfnisse. Wenn man weiß, wie der Wertstrom durch das Unternehmen läuft und wer daran beteiligt ist, kann man das gesamte Produktionssystem auf diesen Wertstrom ausrichten, um ihn optimal zu unterstützen und alle Ressourcen effizient auszunutzen.

Das Fluss-Prinzip umsetzen

Eines der wichtigsten Gestaltungsprinzipien des Lean Managements ist der kontinuierliche und geglättete Ablauf der Produktion, das Fluss-Prinzip. In vielen Organisationen wird in den Abteilungsgrenzen optimiert, werden Linien und Zellen mit höchster Produktivität gefahren, doch führt diese funktionsorientierte Denkweise nicht unbedingt zum Optimum. Schaut man aus der Produktsicht auf den Produktionsprozess, stellt man die vielen Stopps in Form von Zwischenlagern und Pufferbeständen fest. Aus dem Blickwinkel des Lean Managements sind hier vielfach erhebliche Verbesserungspotenziale verborgen, die auch eine große Auswirkung auf die Effizienz des gesamten Wertstroms haben. Wenn es gelingt, Engpässe zu beseitigen, die Produktion zu harmonisieren und auf den Wertstrom auszurichten und möglichst kleine Lose kontinuierlich fließen zu lassen, dann ist eine wesentliche Voraussetzung dafür geschaffen, die Fertigung flexibel, auftragsbezogen und effizient zu steuern.

Das Pull-Prinzip einführen

In vielen Unternehmen wird nach der Maßgabe der maximalen Maschinenauslastung produziert. Doch wenn das Unternehmen auf den Kunden ausgerichtet ist und der Wertstrom nach dem Fluss-Prinzip organisiert wird, muss erst dann produziert werden, wenn der Kunde bestellt oder die Bestände ein Minimum erreicht haben. Diese Bestellpunkte bilden dann den Anstoß für die Produktion. Beim Pull-Prinzip (→ Kanban) zieht man (engl. to pull) vom Kunden aus gesehen die Produkte durch die Produktion, anstatt sie durch Planungsvorgaben in die Produktion zu drücken („push"). So ist auch ohne Terminjägerei und Überstunden eine 100-prozentige Liefertreue erreichbar. Es entfällt zudem nicht nur die Lagerung von Teilprodukten und Fertigwaren und der damit verbundene Such- und Transportaufwand, sondern häufig kann die Fertigung auch personell entlastet werden.

Perfektion anstreben

Perfektion kann man nicht erreichen, sondern nur anstreben. Stillstand bedeutet Rückschritt. Da sich die Rahmenbedingungen laufend wandeln und auch schlechte Gewohnheiten schnell wieder einspielen, ist es wichtig, in einem Lean Production System für kontinuierliche Verbesserung zu sorgen.

- Den Wert aus Sicht des Kunden definieren
- Den Wertstrom identifizieren
- Das Fluss-Prinzip umsetzen
- Das Pull-Prinzip einführen
- Perfektion anstreben

Lean Thinking im DevOps-Kontext

Den Wertstrom zu identifizieren und zu optimieren sind zentrale Anliegen von Lean Thinking. Der dabei erzielte Wert bzw. die dabei erzielte Wertschöpfung ergibt sich durch die und nach der Auslieferung der realisierten Produkte. Je nach Umfeld kann dies bedeuten, dass Wertbereitstellung für den Kunden vielleicht einmal pro Jahr, womöglich aber –beispielsweise im Kontext eines großen Versandhändlers – auch hundertfach pro Stunde geschieht.

Hier sollten wir ein Lean-Konzept betrachten: Taktzeit. Takt ist ein deutsches Wort für Tempo oder Beat und wird seit vielen Jahren in der Lean-Fertigung verwendet, um eine Produktionskadenz zu beschreiben, die von den Bedürfnissen des Kunden vorgegeben wird. Es ist einer von drei Grundbestandteilen der Just in Time-Produktion,

---

Der sogenannte Kontinuierliche Verbesserungsprozess (KVP) oder Punkt-Kaizen sind Methoden, mit denen die Mitarbeiter fortlaufend dazu aufgefordert werden, die Abläufe zu hinterfragen und Ideen einzubringen. Denn sie haben ihre Arbeitsplätze und die alltäglichen Prozesse in der Werkshalle am besten im Blick."

die anderen sind ein Pull-System und ein kontinuierlicher Fluss. Im Wesentlichen zieht die Kundennachfrage neue Produkte genau mit der Rate (Menge pro Zeiteinheit), mit der sie verwendet werden, durch die gesamte Produktionspipeline. Wir sprechen von Pull-Prinzip, wobei Produktion durch Nachfrage (Bestellung/Bedarf) gesteuert wird.

Wenn nun DevOps in diesem Kontext erfolgreich eingestetzt werden soll, so ist es notwendig, die Wertlieferung durch DevOps mit der vom Kunden erwarteten Taktfrequenz zu synchronisieren. Ist sie zu hoch, werden unnötig Ressourcen verwendet, welche anderweitig benötigt werden; ist sie zu tief, wird unser Prozessablauf nicht optimal funktionieren. Entsprechend ist es notwendig, den Einsatz von DevOps ebenfalls in Pull-Manier basierend auf der Kundennachfrage zu gestalten. Dies gestalten wir durch den Einsatz von WIP (Work in Progress)-Limits, wie man sie beispielsweise auch im Kontext von Kanban in wissensbasierten Systemen einsetzt.

Wir können ein WIP-Limit (Work in Progress) für den Freigabeprozess festlegen, das auf die durchschnittliche Zeit kalibriert ist, die für die Bereitstellung eines Features erforderlich ist. Dies schafft ein echtes Pull-System (anstatt nur alles fertig zu einem festgelegten Datum freizugeben, was das Geschäft mit Änderungen überlasten kann).

Wenn es keine Nachfrage, also keinen "Pull" aus dem Business gibt, wird das System langsamer und stoppt dann basierend auf den oben genannten WIP-Grenzwerten. Zu diesem Zeitpunkt hat das Team viele andere gute Optionen: Es kann sehen, was es tun kann, um das

Unternehmen auf weitere Veränderungen vorzubereiten, es kann Wert für einen anderen Teil des Geschäfts liefern, es kann Zeit für Prozessverbesserungen oder die Tilgung technischer Schulden usw. aufwenden.

Agile und DevOps

Agile ist ein iterativer Ansatz, der unter anderem im Bereich von Projektmanagement und Produktentwicklung Anwendung findet; mit diesem Ansatz können Teams ihren Kunden schneller und zielgerichteter einen Mehrwert bieten. Anstatt alles auf einen "Big Bang"-Start zu setzen, liefert ein agiles Team Arbeit in kleinen, aber verbrauchbaren Schritten. Anforderungen, Pläne und Ergebnisse werden kontinuierlich bewertet, sodass Teams über einen natürlichen Mechanismus verfügen, um schnell auf Änderungen zu reagieren.

Agilität bezieht sich oft auf das 2001 von 17 Personen aus dem Software-Bereich formulierte "Agile Manifest". War es ursprünglich eine Art von Grundlagendefinition zur modernen, agilen Software-Entwicklung, beziehen sich heute unterschiedlichste Methoden und Frameworks aus verschiedenstem Kontext auf den Text:

"Manifest für Agile Softwareentwicklung

Wir erschließen bessere Wege, Software zu entwickeln,

indem wir es selbst tun und anderen dabei helfen.

Durch diese Tätigkeit haben wir diese Werte zu schätzen gelernt:

Individuen und Interaktionen *mehr als Prozesse und Werkzeuge*

Funktionierende Software *mehr als umfassende Dokumentation*

Zusammenarbeit mit dem Kunden *mehr als Vertragsverhandlung*

Reagieren auf Veränderung *mehr als das Befolgen eines Plans*

Das heißt, obwohl wir die Werte auf der rechten Seite wichtig finden, schätzen wir die Werte auf der linken Seite höher ein.[20]"

Neben den genannten 4 Grundwerten des agilen Manifests wurden zusätzlich 12 Prinzipien festgehalten, welche bei der Umsetzung der Grundwerte unterstützen sollen:

"*Prinzipien hinter dem Agilen Manifest*

Wir folgen diesen Prinzipien:

Unsere höchste Priorität ist es,

---

[20] Source: agilemanifesto.org

den Kunden durch frühe und kontinuierliche Auslieferung

wertvoller Software zufrieden zu stellen.

Heisse Anforderungsänderungen selbst spät

in der Entwicklung willkommen. Agile Prozesse nutzen Veränderungen

zum Wettbewerbsvorteil des Kunden.

Liefere funktionierende Software

regelmäßig innerhalb weniger Wochen oder Monate und

bevorzuge dabei die kürzere Zeitspanne.

Fachexperten und Entwickler

müssen während des Projektes

täglich zusammenarbeiten.

Errichte Projekte rund um motivierte Individuen.

Gib ihnen das Umfeld und die Unterstützung, die sie benötigen

und vertraue darauf, dass sie die Aufgabe erledigen.

Die effizienteste und effektivste Methode, Informationen

an und innerhalb eines Entwicklungsteams zu übermitteln,

ist im Gespräch von Angesicht zu Angesicht.

Funktionierende Software ist das

wichtigste Fortschrittsmaß.

Agile Prozesse fördern nachhaltige Entwicklung.

Die Auftraggeber, Entwickler und Benutzer sollten ein

gleichmäßiges Tempo auf unbegrenzte Zeit halten können.

Ständiges Augenmerk auf technische Exzellenz und

gutes Design fördert Agilität.

Einfachheit -- die Kunst, die Menge nicht

getaner Arbeit zu maximieren -- ist essenziell.

Die besten Architekturen, Anforderungen und Entwürfe

entstehen durch selbstorganisierte Teams.

In regelmäßigen Abständen reflektiert das Team,

wie es effektiver werden kann und passt sein

Verhalten entsprechend an."

Will man nun die Kombination von Agile und DevOps betrachten, so richtet sich die Bewertung des Nutzens sehr stark nach dem Standpunkt des Befragten. Während man wohl aus agiler Sicht DevOps als eine Philosophie und eine Sammlung von Werkzeugen sehen könnte, mit denen agile Methoden teils ergänzt werden können – welche teils aber längst auch im Rahmen der agilen Methoden selbst eingesetzt werden, mit dem Ziel der Verbindung von Development und Operations – so würde man wohl aus DevOps-Sicht Agilität eher als eine Philosophie sehen, welche gewisse Methoden und Ansätze umfasst und sich im Rahmen von Aufgaben im Projektmanagement und der Organisation insbesondere des DevOps-Bereiches einsetzen lässt.

Als jemand, der eher eine agile Brille trägt, dabei aber weniger Tool- und Methoden-fokussiert als mehr agilem Denken verbunden ist, sehe ich das Ganze etwas anders:

Die Werte und Prinzipien des agilen Manifests sehe ich sehr stark als eine Grundlage einer tragfähigen Entwicklung von Menschen in Teams und zum Aufbrechen der Silomentalität, welche für den Erfolg von DevOps grundlegend ist. Wenn wir uns das Manifest und seine Prinzipien genauer ansehen, ist jede Menge "Kommunikation und Interaktion" zwischen Menschen enthalten. Das ist das Erfolgsrezept und die Grundlage jeder erfolgreichen Zusammenarbeit von Menschen und ganz unabhängig davon, ob es DevOps'

Selbstverständnis ist, eine agile Methodik zu sein oder nicht – ohne eine ganze Menge an agilem Gedankengut wird es nicht erfolgreich sein können. Natürlich kann dies auch durch weitere, nicht direkt in DevOps angelegten Ansätzen ergänzt werden. Wir werden aber in jedem Fall auch sehen, dass eines der fünfzehn grundlegenden Verfahren, welche im Rahmen des nächsten Kapitels dargestellt werden und welche von vielen Autoren und Fachleuten im Kontext von DevOps gesehen werden, auch das "Verfahren" agiles Projektmanagement und Scrum ist.

15 grundlegende Verfahren von DevOps

Es gibt keine offizielle Liste von Verfahren und Methoden, welche zu DevOps gehören würden oder die am besten kombinierbaren wären. Nachfolgend stelle ich Ihnen gerne 15 grundlegende Verfahren vor, welche oft erfolgreich im Kontext von DevOps eingesetzt werden. Es sind dies:

- Voice Of The Customer
- Relationship Management
- Wertstrom-Mapping (Value Mapping)
- Lean-Prozessoptimierung
- Knowledge Management
- Visual Management
- Agile Scrum
- Shift Left Testing
- Change Control
- Service Configuration Management

- Release & Deployment Management
- Incident Management
- Problem Management & Lean Kaizen
- Continual Improvements
- Antifragilität

Natürlich können wir im Umfang dieses Buches die einzelnen Themen nur anreißen und es gibt zu jedem dieser Themen teils separate Bücher, in jedem Fall aber eine Vielzahl weiterführender Artikel, welche im Zusammenhang mit einer Einführung in DevOps lohnenswert sind. Im Rahmen meiner Einführung ins Thema lasse ich es aber bei der Vorstellung der einzelnen Themen bewenden.

Voice of the Customer

Erfolgreiche Firmen und Organisationen verstehen ihre Kunden. Sie achten genau darauf, was ihre Kunden sagen, und wissen, dass Kennzahlen wie der Umsatz als Informationsquelle nicht ausreichend sind, um langfristigen Erfolg sicherzustellen.

Um nachhaltig erfolgreich zu sein, ist es notwendig, seine Kunden besser zu kennen. Dabei sind zentrale Fragen:

- Warum brauchen uns unsere Kunden?
- Wie können wir unseren Kunden einen Mehrwert bieten?
- Was suchen unsere Kunden?

- Was sind ihre Interessen und Verhaltensmuster?

Doch wie können Sie Antwort auf diese grundlegenden Fragen des Erfolgs bekommen?

Das Finden der richtigen Antworten erfordert Geduld und viel Aufmerksamkeit. Um die Fragen zu beantworten, existieren aber auch bewährte Techniken, welche dazu beitragen können, hilfreiche Antworten zu erhalten. Eine der erfolgreichsten Techniken ist unter der Bezeichnung "Voice of the Customer" (Die Stimme des Kunden) bekannt.

Voice of the Customer (VoC) ist eine Methode, mit der Unternehmen die Bedürfnisse und Anforderungen ihrer Kunden beschreiben. Der dahinterliegende Prozess erfasst alles, was Kunden über ein Unternehmen, ein Produkt oder eine Dienstleistung sagen, und verpackt diese Ideen in eine Gesamtperspektive der Marke. Unternehmen verwenden VoC, um die Lücke zwischen Kundenerwartungen und ihrer tatsächlichen Geschäftserfahrung zu visualisieren.

Unternehmen untersuchen VoC, indem sie verschiedene Kundenfeedbacks sammeln. Nach der Analyse des Feedbacks auf Trends im Verbraucherverhalten und in den Verbraucherpräferenzen zeichnen Unternehmen ihre Ergebnisse in einem Dokument auf oder fügen es ihrer/n Kunden-Persona/s[21] hinzu. Dies hilft ihnen, ein vollständigeres Bild ihrer Zielgruppe zu erhalten.

Die Stimme des Kunden ist für Aspekte wie Kundenerfolg, Betrieb und Produktentwicklung von großer Bedeutung. Sie wird eingesetzt,

---

[21] Wikipedia.de

*"Eine **Persona** (lat. Maske) ist ein Modell aus dem Bereich der Mensch-Computer-Interaktion (MCI). Die Persona stellt einen Prototyp für eine Gruppe von Nutzern dar, mit konkret ausgeprägten Eigenschaften und einem konkreten Nutzungsverhalten.*

Personas werden im Anforderungsmanagement von Computeranwendungen verwendet. Für eine geplante Computeranwendung wird analysiert, welcher Nutzerkreis diese Anwendung später nutzen wird. Dazu werden, anhand von Beobachtungen an realen Menschen, einige fiktive Personen geschaffen, die stellvertretend für den größten Teil der späteren tatsächlichen Anwender stehen sollen. Die Anwendung wird dann entworfen, indem das Designer- und Entwicklerteam die Bedürfnisse dieser fiktiven Personen aufgreift und dementsprechend unterschiedliche Bedienungsszenarien durchspielt. Wichtig zu betonen ist, dass Personas einer fundierten Datenbasis entsprechen müssen. Diese Datenbasis wird aus einem mehrstufigen Prozess aus quantitativen und vor allem qualitativen Umfragen, Beobachtungen und Nutzerinterviews erhoben."

Anmerkung: Personas werden auch in anderen Bereichen wie Marketing, Stakeholder Management u. a. verwendet und finden als Methode beispielsweise auch im Kontext von Design Thinking weit über den IT-Bereich hinaus Anwendung.

um alle Phasen der Kundenreise zu identifizieren und um Produkte und Dienstleistungen zu verbessern. Durch die Einhaltung der Kundenmethodik entwickeln Unternehmen nicht nur eine engere Bindung zu ihren Kunden, sondern verbessern auch ihre interne Zusammenarbeit.

Laut einer Studie der Aberdeen Group verzeichnen erstklassige VoC-Benutzer einen fast zehnmal höheren Anstieg des jährlichen Unternehmensumsatzes als andere Firmen. Dies liegt daran, dass Sie durch die Erfassung von VoC an jedem Berührungspunkt der Customer Journey eine Verbindung herstellen und mit Kunden in Kontakt treten können. Diese Technik hilft Ihnen:

- Veränderungen im Markt zu erkennen
- Neue Konzepte, Ideen und Lösungen zu bewerten
- Ihre Marktleistungen (Produkte, Dienstleistungen etc.) optimal an den Kundenbedürfnissen auszurichten
- Die Kundenbindung zu steigern
- Den Kunden Leistungen anzubieten, welche deren Bedarf entsprechen.

Voice of the Customer-Techniken

Je nach Branche kostet es ein Unternehmen einen fünf bis fünfundzwanzig Mal höheren Aufwand, einen neuen Kunden zu gewinnen als bestehende zu halten. Entsprechend besteht eine starke Präferenz im Einsatz der Mittel, um bestehende Kunden zu halten, gegenüber der Gewinnung von Neukunden. Dazu werden verschiedene Maßnahmen und Techniken angewandt. Dazu gehören abhängig von der Art der Interaktion:

- Kundeninterviews
- Kundenbefragungen vor Ort
- Live-Chat via Webseiten und Apps
- Social Media
- Webseiten-Besucheranalysen
- Auswertung von Telefongesprächen mit Kunden
- Online-Bewertungen
- Offline Umfragen
- Net Promoter Score
- Fokus-Gruppen
- Analyse von E-Mails
- Feedback-Formulare

Im Rahmen von Kundenbefragungen seien nachfolgend einige besonders zielführende Fragestellungen zusammengestellt:

- Woran denken Sie, wenn Sie an (Firma / Produkt) denken?
- Welche Eigenschaften sind ihnen an einem Produkt / Unternehmen besonders wichtig?
- Wie können wir Ihr Kundenerlebnis verbessern?
- Gibt es einen Mitbewerber, dessen Produkt sie unserem vorziehen würden? Warum?
- Würden Sie unsere Firma / unser Produkt Freunden / Bekannten empfehlen?

Im Rahmen von Voice of the Customer können viele Erkenntnisse über Kunden gewonnen werden. Dies kann ein bedeutender erster Schritt für den Erhalt und die Stärkung der Kundenbeziehung sein. Er bedarf allerdings weiterer Maßnahmen, um die gewonnenen Erkenntnisse auch positiv zu nutzen.

Relationship Management

IT-Abteilungen und ihre Kunden sprechen oft eine unterschiedliche Sprache. Dabei ist nicht gemeint, dass die einen Englisch und die anderen Deutsch sprechen würden, sondern dass beide Seiten einen unterschiedlichen Sprachgebrauch innerhalb derselben Sprache haben. Auch wenn sie dieselben Worte benutzen. Oft ist die Verständigung zwischen Business- und Technologieseite schwierig und so ist es nicht erstaunlich, dass verschiedenste Methoden und Frameworks sich hier eine "Übersetzungsstelle" geschaffen haben, wie sie im Rahmen von Scrum beispielsweise von der Rolle des Product Owners wahrgenommen wird, der einerseits mit den Kunden und Stakeholdern "Business Language" spricht und in dieser Sprache Anforderungen festhält, andererseits genau diese Anforderungen anschließend den Entwicklern gegenüber übersetzt.

Business Relationship-Management steht in diesem Kontext und kann eine sehr wichtige Ergänzung für eine DevOps-Implementierung sein.

Business Relationship-Manager können Geschäftsanforderungen in technische Anforderungen übersetzen. Darüber hinaus übersetzen sie technische Funktionen in Gespräche über den geschäftlichen Wert. BRM-Experten nutzen agile Methoden und Tools, um die kontinuierliche Integration (Continuous Integration) und die kontinuierliche Bereitstellung (Continuous Delivery) von Geschäftsanwendungen zu planen und zu überwachen. Dabei werden sowohl geschäftliche als auch betriebliche Aspekte berücksichtigt.

Die erste Kernaussage des agilen Manifests besagt, Individuen und ihre Interaktion (seien) wichtiger als Prozesse und Werkzeuge. Der DevOps-Guru Alex Honor behauptet, dass Unternehmen „[...] Menschen Vorrang vor Prozessen vor Tools einräumen sollten". Der Einsatz von BRM-Experten mit einem Makro-Verständnis der Personen, Prozesse und Technologien innerhalb eines bestimmten Geschäftsbereichs oder unternehmensweit bleibt daher von entscheidender Bedeutung.

Durch ein tiefes Verständnis der internen und externen Beziehungen helfen BRMs der Organisation, die Tools zu bewerten, die ihren Anforderungen entsprechen. Wir versuchen dabei eine Brücke vom technischen Experten hin zum Kunden mit seiner Business-Brille zu schaffen. BRM-Experten sind wichtige Teilnehmer an Besprechungen, in denen geschäftliche Prioritäten erörtert werden. Sie berücksichtigen die Geschäftsanforderungen und helfen dabei, die Tools zu definieren, die für die Anwender am nutzbringendsten sind. Je schneller das Feedback von internen Benutzern und Kunden durch

BRMs in umsetzbare Ergebnisse umgesetzt wird, desto schneller profitieren Unternehmen von den Vorteilen von DevOps.

Ohne eine BRM-Funktion können Unternehmen möglicherweise die falschen Tools implementieren und die IT-Funktionen nicht gegen reale Prozessherausforderungen positionieren. Nicht-technische Führungskräfte bleiben ihren Zielen oft eng verhaftet und wir stellen oft fest, dass ihnen die Sichtbarkeit (oder häufig das Fachwissen) fehlt, um die Technologie-Roadmap zu definieren, die ihre Ziele erreicht. Hier kommt das BRM ins Spiel. Das BRM versteht das Gesamtbild, das die geschäftlichen Anforderungen mit dem technologischen Wert verbindet.

Abgründe zwischen IT- und Geschäftsbenutzern entstehen, weil Führungskräfte befürchten, dass die IT ihre strategischen Initiativen verlangsamt oder stoppt. Laut CIO.com sind die fünf Hauptgründe für das Scheitern von DevOps-Initiativen:

1. DevOps-Initiativen basieren nicht auf Geschäftsergebnissen – Prozessänderungen werden oft aus IT-Sicht definiert, ohne dabei den Nutzen der Business-Seite angemessen in Betracht zu ziehen.
2. Organisatorische Änderungen werden zu wenig bedacht – Der Fokus liegt auf den eingesetzten Tools und Lösungen und oft kaum darauf, wie sich deren Einsatz auf die Organisation und ihre Prozesse auswirkt.
3. Eingeschränkte Zusammenarbeit – DevOps fokussiert sich bei seiner Arbeit oft auf den IT-Bereich und sucht zu wenig

Zusammenarbeit und Feedback von den verschiedenen Stakeholdern auf Business-Seite
4. Big-Bang-Ansatz für DevOps – Die Umstellung auf DevOps erfordert iterative Planung, Implementierung, Tests und Feedback. Ein Big-Bang-Ansatz führt oft zu produktivitätsverringernden, herausfordernden und oft geradezu chaotischen Zuständen.
5. Missmanagement der Erwartungen – Die Einführung von DevOps wird oft mit unrealistischen Erwartungen verbunden, was zu Enttäuschungen und Vertrauensverlust führen kann.

BRM-Experten mildern jedes dieser Risiken und unterstützen dabei DevOps in Bereichen, welche sonst oft zu kurz kommen.
Insbesondere spielen BRMs eine strategische Rolle bei der Planung, der Erleichterung abteilungsübergreifender Kooperationen und der Präsentation neuer Workflow-Mappings für das technische und geschäftliche Publikum. Letztendlich definieren sie iterative Rollout-Strategien, um DevOps richtig zu implementieren, anstatt mit Big-Bang-Ansätzen unnötige Risiken einzugehen.

BRM unterstützt auch IT-Führungskräfte bei der Priorisierung von Entwicklungsinitiativen. Am wichtigsten ist, dass BRMs Benutzerfeedback implementieren, um die Geschäftsergebnisse von DevOps-Strategien zu definieren. Dadurch ergeben sich schnellere Release-Zykluszeiten von Geschäftsanwendungen.

Lean-Prozessoptimierung

Lean ist eine leistungsstarke Methode, mit der Teams ihren Kunden einen Mehrwert bieten und gleichzeitig Verschwendung minimieren können. Aber was bedeutet Lean wirklich? Was sind ihre Prinzipien und Kernkonzepte?

Lean-Techniken helfen Herstellern und Dienstleistern, das ideale Ergebnis zu erzielen – das zu liefern, was Kunden wollen, wann diese es wollen – und gleichzeitig die Kosten niedrig zu halten sowie hohe Flexibilität und Qualität bei schnellen Durchlaufzeiten zu haben. Lean ist mehr als eine Reihe von Techniken. Es ist eine Denkweise der kontinuierlichen Verbesserung und des Strebens nach Perfektion.

Es gibt fünf Prinzipien von Lean:

- Wert wird aus der Sicht des Kunden bemessen
- Wertstrom identifizieren (Value Stream)
- Den Fluss optimieren
- Pull-Prinzip umsetzen
- Kontinuierliche Verbesserung

Ausgehend von den Prinzipien konzentriert sich Lean auf vier miteinander verbundene Konzepte: 'Flow', 'Pull', 'Value' und Perfektion.

Flow

Bei Lean dreht sich alles um Flow. Im optimalen Ablauf verläuft die Arbeit reibungslos und schnell über einen Prozess hinweg. Dies ist nicht immer einfach, da unterschiedlichste technische, organisatorische oder auch menschliche Faktoren eine optimale Prozessdurchführung beeinflussen können.

Solche Beeinträchtigungen des optimalen Prozessflusses stammen meist aus einer der drei klassischen Feinde von Lean: Verschwendung (Muda), Unausgeglichenheit und Überlastung (Muri) und sinnlose Tätigkeiten (Mura).

Im Lean-Kontext finden wir oft das Stichwort TIMWOOD, das über die klassischen Abfälle in Prozessen spricht. Es ist leicht zu erkennen, wie diese Herausforderungen die Produktivität beeinträchtigen. TIMWOOD ist ein Akronym, das sich aus den sieben bekannten Verschwendungsarten Transport, Inventory, Movement, Waiting, Overproduction, Overprocessing und Defects zusammensetzt. Es werden drei Kategorien von Verschwendung unterschieden: Neben der Kategorie Muda, der die mit TIMWOOD abgekürzten Verschwendungsarten zugeordnet werden, handelt es sich hierbei um Muri (Überlastung) und Mura (Unausgeglichenheit) – kurz die 3 Ms. Zu den Zielen des Lean Managements gehört es, diese Verschwendungen und ihre Auswirkungen mithilfe geeigneter Werkzeuge zu reduzieren.

Die Reduzierung des Abfalls trägt zur Verbesserung des Durchflusses bei.

Pull

Ein weiteres zentrales Konzept von Lean ist das "Pull". 'Pull' ist eine Supply-Chain-Management-Technik. Das Prinzip besteht darin, Maßnahmen zu ergreifen, wenn der empfangende Kunde (oder Prozess) eine Anforderung signalisiert oder diese bestellt. Indem wir nur dann nachfüllen, wenn dies tatsächlich erforderlich ist, minimieren wir Überproduktion und Überbestellung.

Value

Was ist Wert? Wert ist das, wofür der Kunde bereit ist, zu zahlen. Egal ob es sich dabei um ein Produkt oder eine Dienstleistung handelt. Wert ist, wo alle Konzepte von Lean zusammenkommen. Der Wert wird vom Kunden definiert. Die Reihe von Aktivitäten, mit denen ein Produkt oder eine Dienstleistung geschaffen wird, die für den Kunden einen Wert hat, wird als Wertschöpfungskette bezeichnet.

Lean erfordert ganzheitliches Denken: Wir müssen das Gesamtbild kennen. Wenn wir das ganze Bild kennen, können wir die Ursachen-Wirkungs-Ketten besser verfolgen, den Wert besser verstehen, besser diagnostizieren und daher bessere Maßnahmen zu seiner Optimierung treffen.

Lean ist ein leistungsstarkes Tool-Set, das zu spürbaren und signifikanten Prozessverbesserungen in der Fertigungs- und Dienstleistungsbranche geführt hat. Um seinen wahren Wert zu erkennen, müssen wir es als Werkzeugsatz sehen.

Perfektion

Lean-Denken strebt ständig nach Perfektion. Prozessverbesserung ist keine einmalige Anstrengung. Es bleibt immer Raum für weitere Verbesserungen. Darüber hinaus schleichen sich die verschiedenen Arten von Verschwendung in jeden Prozess zurück. Durch die kontinuierliche Beseitigung dieser Ursachen für schlechte Qualität bemüht sich die Lean-Denkweise kontinuierlich, den perfekten Prozess zu schaffen, damit das bestmögliche Produkt oder die bestmögliche Dienstleistung an den Kunden geliefert werden kann. Nur wenn die Konzepte von Lean in diese Disziplin der kontinuierlichen Verbesserung verwoben werden, beginnen sie ihre wahre Kraft zu entfesseln.

Wertstrom-Mapping (Value Stream Mapping)

Value Stream Mapping ist ein Lean-Management-Tool, mit dessen Hilfe die Schritte visualisiert werden können, die von der Produkterstellung bis zur Lieferung an den Endkunden erforderlich sind. Wie bei anderen Methoden zur Zuordnung von

Geschäftsprozessen hilft es bei der Selbstbeobachtung sowie bei der Analyse und Prozessverbesserung.

Die Eingaben für eine Wertstromkarte enthalten alle Ressourcen, die Sie zur Herstellung von Waren oder Dienstleistungen nutzen. Die Abfolge der Schritte, der Sie folgen, besteht aus Wertschöpfungsschritten sowie den damit verbundenen nicht wertschöpfenden Schritten. Und Ihre Karte folgt auch dem Informationsfluss.

Wertstromkarten unterstützen dabei, einen Überblick über Ihre Geschäftsprozesse zu erhalten. Anschließend werden die Prozesse oder der Workflow analysiert und Verschwendung und Ineffizienzen identifiziert. In der Regel sind hier einige Dinge aufgeführt, nach denen Sie Ausschau halten könnten:

- Verzögerungen, die den Prozess verlangsamen
- Einschränkungen, die den Prozess einschränken
- Überschüssiges Inventar, das Ressourcen unproduktiv bindet

Während die Value Mapping normalerweise für Produktionsprozesse verwendet wird, können dieselben Prinzipien auch für andere Branchen gelten.

In einigen Unternehmen kann eine Wertstromkarte nahezu alles abdecken, was das Unternehmen tut. Dies gilt insbesondere dann, wenn das Unternehmen ein einziges Produkt herstellt. Wird jedoch eine komplexe Mischung aus Produkten oder Dienstleistungen erstellt, muss für jedes eine separate Karte gezeichnet werden. Mit welchem Prozess dabei begonnen wird, ist beliebig. Üblicherweise wird jedoch von dem Bereich / dem Produkt mit der höchsten Wertschöpfung ausgegangen.

Um das Mapping tatsächlich durchzuführen, sollte ein kleines Projektteam zusammenkommen, das aus Vertretern verschiedener Abteilungen besteht. Damit sind Informationen aus erster Hand verfügbar, wie Dinge gemacht werden und wie gut das aktuelle System funktioniert. Möglicherweise finden sich sogar verschiedene Möglichkeiten, um die Prozesse zu verbessern, ohne die Wertstromkarte zu konsultieren. Der Prozess wird von einem Moderator moderiert. Dies kann ein Senior Manager sein, der sich mit der Zuordnung von Wertströmen auskennt, oder es wird dazu ein externer Berater hinzugezogen. So wird Schritt um Schritt die Karte erstellt und laufend optimiert.

Knowledge Management

Wenn wir an DevOps denken, dann denken die meisten Menschen an Themen wie "Kontinuierliche Integration", "Testautomatisierung", "Continuous Delivery" oder ähnliche Stichworte. Diese Tools bieten die Möglichkeit, einen hohen Grad an Automatisierung zu erreichen. Dies führt zu einem effektiveren Umgang mit dem Programmcode von seiner Erstellung bis hin zu seiner Auslieferung in Form von Programmen und Applikationen.

Der effektive Umgang mit Code ist jedoch nur ein Teil der Herausforderung von DevOps. Es gibt eine weitere Anforderung, die beim Einrichten einer DevOps-Pipeline leicht zu übersehen ist: Wissensmanagement. Ohne eine Lösung für die Kommunikation und Verwaltung der Informationen, die Ihre Teams für die Arbeit mit Code benötigen, schlägt Ihre gesamte DevOps-Strategie fehl.

Ein zentraler Erfolgsfaktor und damit eine zentrale Forderung von DevOps ist das Sicherstellen einer optimalen Kommunikation über den ganzen Prozess hinweg, die sowohl Development wie auch Operations verbindet und eine Grundlage für den gemeinsamen Erfolg bildet. Dazu ist es notwendig, sicherzustellen, dass Informationen und Wissen von allen Beteiligten sowohl zur Verfügung gestellt wie auch abgerufen werden kann.

Wissen bezieht sich auf alles, was jemand in Ihrem Unternehmen wissen muss, wenn es eine Rolle in Ihrer DevOps-Lieferkette spielt. Dazu gehören Informationen wie die Konfiguration Ihrer Softwareumgebungen und die Bereitstellung Ihrer Tools – die Art von Daten, die Sie normalerweise in der Dokumentation finden.

DevOps-Wissen umfasst aber auch andere Arten von Informationen, die sich nur schwer in eine herkömmliche Dokumentationsdatenbank integrieren lassen. Es geht beispielsweise darum, wer für die Ausführung welcher Aufgaben verantwortlich ist, welche Aufgaben Ihre Organisation priorisiert, wenn beispielsweise Ressourcen knapp sind, und was Ihre Pläne für zukünftige Bereitstellungen oder

Erweiterungen beinhalten. Wir sprechen dabei nicht nur von technischen Details, sondern von Wissen aus einer Vielzahl von Zusammenhängen und Quellen – ob diese nun technisch, sozial, kulturell sind oder aus dem Businesskontext stammen. Sie alle wirken sich auf den reibungslosen Ablauf der DevOps-Pipeline aus.

Viele herkömmliche Ansätze von Wissensmanagement und ihren technischen Umsetzungen sind nur beschränkt in der Lage, die Vielzahl an Kontexte ausreichend abzubilden, und sollten auch nicht im Vordergrund stehen. Vielmehr sollte die Konzentration auf dem Aspekt der Zusammenarbeit liegen. Meint: Das/die Team/s sollte/n in der Lage sein, zu kommunizieren und Fragen zu stellen, wenn sie Wissen teilen. Wissen sollte nicht als statische Einheit behandelt werden, die irgendwo steht, sondern als Fundament für Kommunikation und Austausch wahrgenommen werden. Eine Herangehensweise an eine solche Kommunikation ist Messaging oder Foren. Dabei muss man sich selbstverständlich auch der Nachteile solcher Ansätze in Hinblick auf die langfristige Verfügbarkeit der so geteilten Informationen bewusst sein.

Um in DevOps erfolgreich zusammenzuarbeiten, müssen viele verschiedene Arten von Wissen und Know-how kombiniert werden. Entwickler müssen in der Lage sein, Informationen effektiv mit dem QS-Team, dem IT-Team und in manchen Fällen auch mit nicht-technischen Mitarbeitern wie Marketingfachleuten, Anwälten oder anderen Stakeholdern auszutauschen. DevOps-Wissensmanagement muss entsprechend für all die beteiligten Gruppen eine attraktive und hürdenlos zugängliche Möglichkeit für Austausch und Wissens-Sharing bieten. Es darf kein spezielles Fachwissen erfordern und sollte es jemandem im Team leicht machen, Informationen zu finden. Viele technische Tools, wie Git, sind dabei für Entwickler leicht zugänglich, haben aber Hürden für andere Beteiligte und sind deshalb nicht die erste Wahl.

Da Kontinuität – also der ständige Fluss von Code und Informationen – ein Schlüsselelement von DevOps ist und alles, was die Kontinuität unterbricht, die Geschwindigkeit und Agilität Ihres DevOps-Prozesses reduziert, müssen auch die eingesetzten Tools auf kontinuierlichen Wissensaustausch und kontinuierliche Zusammenarbeit fokussiert sein. Sie müssen es den Teams ermöglichen, das Wissen auf dem neuesten Stand zu halten und bei auftretenden Problemen schnell zu kommunizieren. Tools, die schwer zu aktualisieren sind oder die nur von bestimmten Teammitgliedern verwendet werden können, gewährleisten keinen kontinuierlichen Wissensaustausch.

Visual Management

Visuelles Management bedeutet nicht zwingend den Einsatz von Kanban und Kanban-Ansätzen. Da Kanban aber auch wiederum mit dem Thema Lean einhergeht, werden Kanban-Ansätze von den meisten Teams, welche Ansätze von visuellem Management einsetzen, als ein Ansatz der Wahl verstanden. Aus diesem Grund sei das Visual Management nachfolgend etwas ausführlicher als Methode im DevOps-Kontext dargestellt.

Kanban ist nichts Neues. Tatsächlich geht es auf die 50er-Jahre zurück, wo es sich im Kontext des Toyota-Produktionssystems etablierte; es wurde später, im ersten Jahrzehnt des 21. Jahrhunderts, durch David J. Anderson vom Produktionsbereich in den IT- und wissensbasierten Bereich transferiert und entsprechend weiterentwickelt.

Kanban bedeutet "Signalkarte" oder "visuelles Signal" und hat seine Wurzeln bei Toyota, wo es von Taiichi Ohno entwickelt als Werkzeug für die Optimierung der Produktionsprozesse entwickelt wurde, indem Prozesse transparent dargestellt werden. Später wurde Kanban als Komponente im Kontext von Lean und verschiedenen agilen Ansätzen eingesetzt und steht auch selbst als agile Methode, welche sich in verschiedenstem Kontext zur Visualisierung von Prozessen einsetzen lässt. Insbesondere vermerkt sei dabei auch der Einsatz im Kontext von klassischem Projektmanagement oder ITIL Service-Management.

Auch wenn Kanban von verschiedenen Autoren unterschiedlich positioniert und eingesetzt wird, so lassen sich doch vier zentrale Praktiken bei nahezu allen Ansätzen finden:

- Arbeit visualisieren: Wir visualisieren alle Arbeiten, um damit Prozesse besser zu führen und Engpässe zu erkennen.
- Begrenzen Sie die laufenden Arbeiten: Wir vereinbaren Grenzwerte für laufende Arbeiten, um den Fokus auf die Umsetzung / Fertigstellung von Arbeiten zu legen und damit Durchlaufzeiten zu reduzieren.

- Fokus auf Fluss: Wir fokussieren eine Optimierung des Arbeitsflusses und beziehen dabei die Definition of Done ein, welche festhält, welche Arbeiten in jedem Prozessschritt umgesetzt werden müssen, bevor der nächste Prozessschritt angegangen wird.
- Kontinuierliche Verbesserung: Durch das Erheben von Metriken und darauf basierende Entscheidungen betreiben wir eine faktenbasierte permanente Optimierung von Prozess und Zusammenarbeit.

Wir verwenden visuelle Karten, um Aktivitäten darzustellen, die durch eine oder mehrere Aktivitäten den Prozess in einer Schwimmbahn (horizontale Bahn) voran bewegt. Jede Kanban-Spalte repräsentiert eine Aktivität (vertikale Spalte). Schwimmbahnen können dabei für Personen, Personengruppen, Aufgaben oder unterschiedliche Prozesse stehen. Es gibt keine einheitliche Vorschrift, wie die Darstellung zu erfolgen hat, und entsprechend können Teams für ihren Anwendungsfall die optimale Darstellung wählen und bei Bedarf auch optimieren. Darüber hinaus versetzen die erhobenen Kennzahlen das Team auch in die Lage, basierend auf realen Erfahrungswerten Prognosen für zukünftige Prozessleistungen abzugeben und beispielsweise darauf basierend Service Level Agreements zu erarbeiten.

Wenn Kanban mit DevOps kombiniert wird, kann das Team die Phasen visualisieren, die ein Arbeitselement durchlaufen muss, um es als abgeschlossen und erledigt zu betrachten. Damit erarbeiten wir uns die Möglichkeit, unsere Prozesse auch im DevOps-Kontext zielführender zu bestimmen und zu optimieren und durch die bessere

Transparenz der Prozesse und der aktuellen Prozessinstanzen die Zusammenarbeit der beteiligten Teams besser zu orchestrieren.

Agiles Projektmanagement & Scrum

Scrum ist ein einfaches Framework für die komplexe Produktentwicklung, das auf Werten und Prinzipien basiert. Viele Elemente, welche wir für die Umsetzung von Scrum benötigen, sind nicht definiert, sondern müssen kontextbasiert ergänzt werden. Das meint der Framework-Gedanke. Statt einer Methode, welche quasi als Checkliste oder Rezept genutzt werden kann, setzt Scrum auf Offenheit in Bezug auf unterschiedlichste Kontexte und Einsatzbereiche, welche jeweils unterschiedliche Ergänzungen des Frameworks benötigen. Dies wird gerade von Scrum-Anfängern oft als Herausforderung gesehen, ist aber auch eine große Chance, weil es die vielbeschworene Selbstverantwortung und Selbstorganisation nicht nur fordert, sondern so auch quasi unumgänglich macht. Scrum ist ein additives Framework, was bedeutet, dass Scrum Ihnen nur die Mindestmengen an Informationen mitteilt, die Sie zur Verwendung benötigen. Genau wie beim Installieren einer Software auf Ihrem Computer gibt es eine Mindestanforderung für die Computerspezifikation, aber es ist nichts Falsches daran, die Software auf einem Computer zu installieren, der über der Mindestspezifikation liegt. Dabei muss aber immer darauf geachtet werden, dass Ergänzungen nicht den Nutzen und die Performance des Computers (oder im Fall von Scrum des Frameworks) beeinträchtigen.

DevOps beginnt mit dem Systemdenken und betrachtet den gesamten Wertstrom im System, anstatt nur auf die Entwicklungsphase zu fokussieren. Dabei wird analysiert, wie die Arbeit in die Entwicklung gelangt und wie die Arbeiten an Kunden geliefert werden. Dabei ist es von zentraler Bedeutung, die Zusammenhänge der verbundenen Systeme und Prozesse zu verstehen und diese als komplexes System zu begreifen, in dem sich jede Veränderung auf andere Elemente auswirken kann.

Interaktionen mit dem System, beispielsweise durch Kundenanfragen, führen zu Prozessen, welche durch das gesamte System fließen können und als Wertstrom begriffen werden.

Neben dem Systemdenken basiert DevOps auch auf Lean Thinking. Dabei geht es darum, Verschwendung im Wertstrom zu reduzieren. Alle Aktivitäten, die keinen Mehrwert bieten, können als Abfall betrachtet werden. Eine entsprechende Darstellung findet sich bereits im Kapitel zum Thema "Lean Thinking".

Lean Thinking, System Thinking und Mapping des gesamten Wertstroms sind wichtig und funktionieren gut mit Scrum, da Scrum unter anderem auf Lean Thinking basiert. Wenn wir Scrum nun im Kontext von DevOps einsetzen wollen, so ist es von zentraler Bedeutung, es als Teil des gesamten Wertstroms wahrzunehmen und die entsprechenden Prozesse des Wertstromes beispielsweise mit Kanban zu visualisieren.

Wenn wir Scrum und DevOps verwenden, finden alle Aktivitäten im Wertstrom, von Kundenanfragen und der Freigabe des Produkts bis hin zu Produktionsumgebungen und Kunden, im Sprint statt. Kundenanfragen lösen ggf. Entwicklungen aus, welche im Product Backlog als Anforderungen eingetragen und bearbeitet werden, im Rahmen eines Sprint Planungs Meetings geplant und im Sprint umgesetzt und schließlich an den Kunden ausgeliefert werden. Kanban kann dabei unterstützen, diesen Prozess transparent und besser steuerbar zu gestalten.

Scrum-Teams, die DevOps einführen, haben eine andere Arbeitsweise als ein Scrum-Team, das DevOps nicht einführt. Nicht nur ihre Arbeitsweise ist unterschiedlich, auch die Zusammensetzung des Teams sieht zumeist ganz anders aus.

Laut Scrum besteht das Entwicklungsteam aus Fachleuten, die bei Sprintende ein potenziell releasebares Inkrement erstellen. Da DevOps den gesamten Wertstrom betrachtet und das Systemdenken verwendet, sind die Fachleute in Scrum-Teams, die DevOps einsetzen, alle, die das Product Backlog Item (PBI) im gesamten Wertstrom von Ende zu Ende verarbeiten. Viele Leute sehen, dass das Entwicklungsteam nur aus Entwicklern besteht, weshalb viele denken, dass Scrum nur für die Entwicklungsphase gedacht ist.

In einem Scrum-Team, das DevOps einführt, wird eine Teamzusammensetzung potenziell viel umfassender verstanden, auch Analysten, UI/US-Designer, Entwickler, Service Management-

Mitarbeiter, Systemadministratoren u. v. a. werden als Team begriffen, welche als Einheit zusammenarbeiten, um einen Mehrwert für den Kunden zu realisieren.

Durch die Kombination mit Scrum werden die "Drei Wege", welche DevOps zugrunde liegen, optimal unterstützt. Die Prinzipien und Werte von Scrum werden dadurch nicht beeinflusst, sondern können komplett angewendet werden.

Shift Left Testing

Wikipedia schreibt in der englischen Ausgabe zu "Shift-Left Testing":

"Shift-left testing is an approach to software testing and system testing in which testing is performed earlier in the lifecycle (i.e. moved left on the project timeline). It is the first half of the maxim "Test early and often." It was coined by Larry Smith in 2001.[22]"

Es ist eine alte Erkenntnis, dass Tests so früh wie möglich durchgeführt werden sollten. Je später Tests in einem

---

[22] „Shift-Left-Tests sind ein Ansatz für Softwaretests und Systemtests, bei dem Tests früher im Lebenszyklus durchgeführt werden (d. H. Auf der Projektzeitachse nach links verschoben werden). Es ist die erste Hälfte der Maxime "Früh und oft testen". Es wurde 2001 von Larry Smith geprägt. "

Entwicklungsprozess eingebaut sind, desto größer ist zum einen der Aufwand für den Test selbst und andererseits, was besonders ins Gewicht fällt, der durch die zeitliche Verzögerung entstehende Zusatzaufwand in der Behebung von Folgeproblemen etc. So kann aus etwas, was am selben Tag getestet einen Aufwand im Minutenbereich bedeutet hätte, bei Tests nach mehreren Monaten ein Aufwand im Bereich von Wochen entstehen. Aus konkreten Fallstudien geht hervor, dass die Kosten eines in der Produktion festgestellten Fehlers 30-mal höher sein können, als wenn er während der Entwicklung erkannt und behoben würde. Wenn der Defekt bis in die Produktion hinein unentdeckt bleibt, können die Auswirkungen verheerend sein, wenn er schließlich ans Licht kommt.

Das Hauptziel von Softwaretests und Qualitätssicherung ist heute die Gewährleistung der Zufriedenheit der Endbenutzer – ein Ziel, das bei Auftreten von Fehlern nur schwer zu erreichen ist. Und wenn der Mangel sicherheitsrelevant ist oder gegen Vorschriften wie die DSGVO verstößt, können Sanktionen hohe Geldstrafen zusätzlich zu einem möglicherweise unwiderruflich beschädigten Ruf beinhalten. Wenn wir jedoch einen Defekt zum Zeitpunkt seiner Einführung feststellen können, kann er sofort behoben werden, und der Schaden ist unwichtig – oder sogar nicht vorhanden.

Bei der Verschiebung nach links geht es um kontinuierliche Tests. Heute wird Software meist nicht mehr im Wasserstil entwickelt. Ein gängiger Ansatz besteht darin, so früh wie möglich ein „minimal lebensfähiges Produkt" (MVP) zu liefern. Damit kann frühzeitig Feedback zum MVP erhalten und umgesetzt werden, um die weitere schrittweise Entwicklung des Produkts voranzutreiben.

Um eine inkrementelle Softwarebereitstellung mit hoher Geschwindigkeit und Qualität zu erreichen, muss die Software zum frühestmöglichen Zeitpunkt getestet werden. Bei Änderungen müssen die Tests wiederholt werden. Obwohl viel über "Linksverschiebung" gesprochen wird, ist der Begriff tatsächlich etwas irreführend. Gemeint ist damit eigentlich die Praxis des "kontinuierlichen Testens" – also des Testens während des gesamten Entwicklungsprozesses, wenn nicht mehr von separaten Entwicklungs- und Testphasen gesprochen wird, sondern Testen als Teil der Entwicklung geplant und umgesetzt wird. Schon in der Entwicklung der Anforderungen muss überlegt werden, wie diese Anforderungen zu testen sind.

Diese Tests werden ausgeführt, während der Code geschrieben wird, und auch, wenn er dem Quellcode-Kontrollsystem zugewiesen wird – etwas, das für ein Team, das eine kontinuierliche Integration praktiziert, mehrmals täglich geschieht. Wenn ein Test fehlschlägt, wird der Entwickler umgehend benachrichtigt, sodass er sich sofort um die Behebung des festgestellten Problems kümmern kann. Sobald sich der Code im Quellcode-Verwaltungssystem befindet, wird automatisch ein Build durchgeführt. Während des Build-Prozesses werden viele Tests ausgeführt. Wenn einer von ihnen fehlschlägt, wird der Build angehalten und das Team wird benachrichtigt, um das Problem zu beheben. Dies setzt einen hohen Grad an Automatisierung voraus, was mit heutigen Werkzeugen relativ einfach umgesetzt werden kann.

Tests, die im Rahmen kontinuierlicher Tests durchgeführt werden, decken normalerweise drei Hauptdisziplinen ab. Die erste ist der Funktionstest, bei dem bewertet wird, ob die Software ihren Spezifikationen entspricht. Dazu gehört auch das Testen des Produkts, wie es ein tatsächlicher Benutzer möglicherweise verwendet, um zu bewerten, ob die Benutzererfahrung in der Praxis gut ist, und nicht nur auf Papier.

Die zweite Disziplin ist der Leistungstest, in dem evaluiert wird, wie sich die Software unter verschiedenen Nutzungsmustern verhält. Dazu gehören beispielsweise auch Lasttests.

Schließlich folgen statische Code-Analysen und dynamische Sicherheitstests, um potenzielle Schwachstellen in der Software und ihrer Umgebung zu identifizieren. Damit soll sichergestellt werden, dass Schwachstellen angegangen werden können, bevor sie zum Problem werden.

Wenn Sie die Tests nach links verschieben (also früher ansetzen), wird die Wahrscheinlichkeit einer schlechten Benutzererfahrung minimiert und die Wahrscheinlichkeit maximiert, dass Sicherheitsprobleme erkannt werden, bevor sie in die Produktion eingeführt werden. Durch die immer schnelleren Entwicklungszyklen kommt einer immer früheren Integration von Tests große Bedeutung zu.

Im Rahmen immer größerer Komplexität und einer zunehmenden Einbindung des Testing in den Entwicklungsprozess kommt automatisierten Tests eine zunehmende Bedeutung zu. Nur dadurch sind auch weitere Erfolgstechniken von DevOps, wie kontinuierliche Integration oder gar kontinuierliches Deployment, überhaupt erst möglich. Dies erfordert aber eine erhöhte Kompetenz in der Entwicklung von aussagekräftigen Tests nicht nur in Bezug auf die korrekte Funktion der umgesetzten Anforderungen, sondern auch in Hinblick auf die Sicherstellung, dass der erstellte Programmcode auch wirklich die geforderte Funktionalität bietet.

Change Control

Änderungsmanagement (Change Management / Change Control) ist ein Werkzeug, um Menschen, Prozesse und Technologien auf eine Art von organisatorischem Wandel vorzubereiten. Im IT-Betrieb bezieht sich ein Änderungsmanagementplan auf eine planerische Grundstruktur für die Implementierung und Wartung von IT-Infrastrukturen und -Anwendungen durch Änderungskontrollen, Prozesse, Schulungen und Kommunikation.

Das Änderungsmanagement ist ein wesentliches Prinzip von Ansätzen im Kontext von Service Management und Operations und somit auch von DevOps, da es unabhängig von der Funktionsweise des Unternehmens auf Änderungen vorbereitet sein muss. Komplexe, verteilte Systeme und Microservices in einer Welt der kontinuierlichen Integration und Bereitstellung führen zu laufenden Änderungen – ganz zu schweigen von externen Belastungen wie der Änderung gesetzlicher oder externer Anforderungen Dritter. Das Team benötigt daher einen zusammenhängenden Plan für das Änderungsmanagement, um Anwendungen und Infrastruktur schnell anpassen zu können, ohne die Sicherheit oder Zuverlässigkeit der zur Verfügung gestellten Leistungen zu beeinträchtigen.

Normalerweise wird das Änderungsmanagement in der IT zunächst als Bestandteil von ITIL betrachtet. Mit der zunehmenden Bedeutung von DevOps werden jetzt Änderungsmanagement-Prozesse implementiert, um sicherzustellen, dass Entwickler und IT-Experten Systemkonfigurationen einfach verwalten, neuen Code schnell bereitstellen und Incidents schneller beheben können.

Änderungsmanagementpläne sind für DevOps von besonderer Bedeutung, da dort die Personen angesiedelt sind, die die Systeme warten, auf denen jeder arbeitet. Es gibt zahlreiche Menschen und Prozesse, die täglich mit technischen Systemen interagieren – sie liefern ständig neuen Code, passen Netzwerkkonfigurationen an, führen automatisierte Tests durch und vieles mehr. Das frühzeitige Definieren eines Änderungsmanagementplans kann das Team daher bei der Identifizierung und Installation der erforderlichen Änderungen an Servern, Netzwerken und anderen Computersystemen unterstützen.

Ein Änderungsmanagementplan ermöglicht es Ihrem Team, erforderliche Änderungen in Anwendungen und IT-Infrastruktur proaktiv zu identifizieren und umzusetzen. In einer DevOps-Umgebung arbeiten Entwickler und Betriebsteams eng zusammen, verbessern die Transparenz des Workflows und automatisieren einen Großteil des Konfigurations-, Bereitstellungs- und Wartungsprozesses. Dies führt zu einer schnellen

Softwarebereitstellung, welche die Zuverlässigkeit und Sicherheit nicht beeinträchtigt. Mit einem zugehörigen Plan zur Reaktion auf Vorfälle ist das Team optimal vorbereitet, auf mögliche, unvorhergesehene Situationen zu reagieren.

Ein automatisiertes Konfigurationsmanagement und die Automatisierung anderer Aufgaben im IT-Betrieb können zu einem Änderungsmanagementprozess führen, der schneller und zuverlässiger ist. Wenn dann etwas schiefgeht, hat das Team Einblick in das Problem, kann das Problem beheben und schnell mit den Stakeholdern kommunizieren. Die DevOps-Prinzipien führen zu einem agilen Änderungsmanagementplan, der es ermöglicht, neue Funktionen und Dienste zu erstellen, anstatt aktuelle IT-Anwendungen und -Infrastrukturen zu ändern.

Service Configuration Management

Im Kontext von Softwareentwicklung und Betrieb bezieht sich Konfigurationsmanagement auf den Prozess, durch den alle Umgebungen, in denen Software gehostet wird, konfiguriert und gewartet werden.

Jede Entwicklungspipeline erfordert mehrere Umgebungen für verschiedene Zwecke wie Komponententests, Integrationstests, Abnahmetests, Lasttests, Systemtests, Endbenutzertests. Abhängig vom Systemzusammenhang können solche Umgebungen eine hohe Komplexität und Vielfalt erreichen. Dabei ist das

Konfigurationsmanagement ein automatisierter Prozess, der sicherstellt, dass die Konfiguration dieser Umgebungen optimal ist.

Die Konfiguration von Testumgebungen ist entscheidend für den Erfolg von Testteams. Durch die genaue Konfiguration funktionieren alle Ressourcen – Server, Netzwerke, Rechenzentren, Betriebssysteme, IT-Ressourcen, Konfigurationsdateien – so, wie sie für den Erfolg erforderlich sind. Voraussetzungen sind ein sorgfältiges Management der Umgebung und die vollständige Nachvollziehbarkeit aller Konfigurationsänderungen. Ein unzureichendes Konfigurationsmanagement kann zu Systemausfällen, Datenverlust und Veränderungen von Daten führen. Ganz zu schweigen von der Tatsache, dass schlechte Umgebungen zu unangemessenen, unvollständigen und wenig aussagekräftigen Tests führen.

Die Verwendung von Configuration Management ist in DevOps-Infrastrukturen unerlässlich. In DevOps geht es darum, Geschwindigkeit, Genauigkeit und Effizienz zu verbessern. Das Konfigurationsmanagement hilft bei der Automatisierung alltäglicher Wartungsaufgaben, wodurch Entwicklungszeit für die eigentliche Programmierung frei wird. Dies erhöht die Agilität sowohl der einzelnen Entwickler als auch der gesamten Organisation. Um dies zu erreichen, ist ein funktionierendes Konfigurationsmanagement unerlässlich.

Konfigurationsmanagement in DevOps besteht aus drei Hauptkomponenten

- Konfigurationsidentifikation: Identifiziert die Konfiguration der zu wartenden Umgebung. Es können auch Erkennungstools verwenden werden, um Konfigurationen automatisch zu identifizieren.
- Konfigurationssteuerung: Die einmal identifizierte Konfiguration bleibt möglicherweise nicht unverändert. Folglich muss ein Mechanismus vorhanden sein, um Änderungen an der Konfiguration zu verfolgen und zu steuern. Die meisten Konfigurationsmanagement-Frameworks verfügen über einen Änderungsmanagementprozess zur Regulierung dieser Konfigurationsänderungen.
- Konfigurationsprüfung: Selbst wenn Kontrollmechanismen vorhanden sind, können Änderungen diese umgehen. Konfigurationsprüfungen in regelmäßigen Abständen verhindern solche Vorfälle.

Die Hauptkomponenten eines umfassenden Konfigurationsmanagements in DevOps sind:

- Artefakt-Repository
- Quellcode-Repository
- Datenbank für das Konfigurationsmanagement

Artefakt-Repository

In einem Artefakt-Repository werden Maschinendateien wie beispielsweise Binärdateien, Testdaten und Bibliotheken gespeichert. In einer DevOps-Umgebung werden bei der kontinuierlichen Integration häufig Artefakte erstellt. Das erzeugt oft tausende entsprechender Dateien, auf welche zwar nicht immer zugegriffen werden muss, welche aber im Bedarfsfall griffbereit sein sollten.

Quellcode-Repository

Das Quellcode-Repository enthält alle Codeversionen. Es ist somit die Datenbank des Quellcodes, welche von allen Entwicklern und Projekten verwendet wird. Neben den entwickelten Programmcodes werden hier auch andere relevante Komponenten gespeichert, Test-, Erstellungs- und Bereitstellungsskripte sowie Konfigurationsdateien abgelegt und stehen somit zur Verfügung.

Quellcode-Repos lassen sich in zwei Kategorien einteilen:

- Zentrales Versionskontrollsystem (CVCS) - Hier wird der Quellcode an einem zentralen Ort gespeichert.
- Verteiltes Versionskontrollsystem (DVCS) - Hier wird der Quellcode auf verteilten Terminals gespeichert. Diese Variante wird von vielen Teams als zuverlässiger und schneller angesehen und entsprechend im DevOps-Umfeld häufiger eingesetzt.

Datenbank für das Konfigurationsmanagement

Eine solche Datenbank für das Konfigurationsmanagement ist besonders wichtig für die Konfigurationssteuerung und -prüfung und um Änderungen planbar und nachverfolgbar zu machen.

Release & Deployment Management

Beim Release-Management wird die Planung und Steuerung von Software-Builds in jeder Entwicklungsphase und in verschiedenen Umgebungen überwacht. Das Release-Management umfasste im Allgemeinen auch das Testen und Bereitstellen von Software-Releases. Damit spielt es eine wichtige Rolle im Rahmen eines geordneten Entwicklungsmanagements.

Nachdem die meisten Softwareprodukte von festen und schnellen Release-Daten auf Software as a Service-Modelle umgestellt wurden, ist das Release-Management zu einem konstanten Prozess geworden. Dies gilt insbesondere für Unternehmen, die auf die Verwendung von Pipelines für die kontinuierliche Lieferung umgestellt haben, bei denen Neuerscheinungen mit hohen Raten auftreten. DevOps spielt jetzt eine große Rolle bei vielen Aufgaben, die ursprünglich als Aufgabenbereiche des Release-Managements angesehen wurden. DevOps hat jedoch nicht zur Veralterung des Release-Managements geführt.

Mit dem Übergang zu DevOps-Praktiken haben sich die Bereitstellungsaufgaben auf die Schultern der DevOps-Teams verlagert. Dadurch entfällt die Notwendigkeit eines dedizierten Release-Managements. Stattdessen werden die Datenpunkte geändert, die für die Ausführung des neuen Rollen-Release-Managements am wichtigsten sind. Das Release-Management dient als Methode zum Füllen der Datenlücken in DevOps. Die Planung von Implementierungs- und Rollback-Strukturen ist Teil der DevOps-Welt, dennoch muss das Release-Management Anwendungen, seine Komponenten und Aktivitäten im Rahmen von Änderungsaufträgen weiterhin im Auge behalten. Die Verwaltung von Softwareversionen und Bereitstellungsplänen wird dabei in DevOps weitgehend mit automatisierten Verwaltungstools durchgeführt.

Release-Manager, die mit Pipeline-Systemen für die kontinuierliche Bereitstellung arbeiten, können schnell von dem Arbeitsaufwand überfordert sein, der erforderlich ist, um die Bereitstellungspläne einzuhalten. Entsprechend hilfreich ist in dem Bereich ein hohes Maß an Automatisierung, zumal der Einsatz mehrerer Personen nicht nur mit hohen Kosten verbunden wäre, sondern auch das Potential hat, dass sich dadurch ein erheblicher Abstimmungsaufwand mit daraus folgender Komplexität und Fehleranfälligkeit ergäbe.

Automatisierte Release-Management-Tools bieten End-to-End-Transparenz für die Verfolgung der Anwendungsentwicklung, Qualitätssicherung und Produktion von zentraler Stelle aus. Release-Manager können überwachen, wie alles im System zusammenpasst, was einen tieferen Einblick in die vorgenommenen Änderungen und die Gründe dafür bietet. Dies ermöglicht die Zusammenarbeit, indem alle Beteiligten detailliert über die Position der Software im aktuellen Lebenszyklus informiert werden, was eine ständige Verbesserung der Prozesse ermöglicht. Die Stärke automatisierter Release-Management-Tools liegt in ihrer Sichtbarkeit und Benutzerfreundlichkeit, auf die viele über webbasierte Portale zugreifen können.

Ziel ist es, durch hohe, gut durchdachte Automatisierung kontinuierliche Integration und die Effizienz einer Pipeline für kontinuierliche Auslieferung sicherzustellen.

Incident Management

Oft werden Service Management und DevOps als quasi unvereinbare Gegensätze gesehen. Allerdings ist gerade Service Management, wie es in der ITIL Library von Axelos dargestellt wird, so strukturiert, dass auch nur Teile davon umgesetzt werden können, oder anders herum, dass auch Teile durch alternative Ansätze umgesetzt werden können, so zum Beispiel basierend auf DevOps-Ansätzen. DevOps ist in erster Linie eine Kultur der Zusammenarbeit. Es gibt also keinen Grund, warum Sie ein Prozess-Framework nicht sehr gut in eine Kultur der Zusammenarbeit integrieren können.

Der Service-Management-Prozess des Incident-Managements konzentriert sich auf die Lösung von Problemen, die sich auf Technologiedienste auswirken. Ein genau abgestimmter Incident-

Management-Prozess basiert auf der Zusammenarbeit zwischen Teams, um die schnelle Lösung von Problemen zu ermöglichen. Hier ergibt sich eine gute Kombinationsmöglichkeit mit Werkzeugen und Prinzipien von DevOps und dem damit verbundenen Verständnis von Kooperation.

Incident Management besteht nicht nur aus der Bearbeitung von auftretenden Incidents. Vielmehr umfasst es klar definierte Rollen und Verantwortlichkeiten sowie Werkzeuge und Strukturen, welche einerseits das Eintreten von Incidents verhindern und andererseits deren Auswirkungen beim Eintreten verringern. Wenn Systeme ordnungsgemäß instrumentiert sind, können wir außerdem damit beginnen, maschinelles Lernen und prädiktive Analysen anzuwenden, um Vorfälle tatsächlich zu antizipieren, bevor sie auftreten.

DevOps hat seine Wurzeln in Lean Manufacturing und viele Praktiken finden sich auch in DevOps wieder. Ein Prozess aus Lean, der sich auch in DevOps wiederfindet, ist das Andon Cord[23]. In Lean hat dieses

---

[23] Wikipedia.de:

"Andon (jap. アンドン) ist eine Methode des Visual Management und Bestandteil des Toyota-Produktionssystems, um eine selbsterklärende Symbolik zu erstellen, die zur Vermittlung von Funktionen und Abläufen an einer Maschine oder einem Prozess geeignet ist. Diese Methode wurde in Japan aus der Managementpraxis heraus entwickelt.

In seinem Ursprung handelte es sich bei Andon um ein einfaches visuelles Signal (vgl. Andon), eine kleine Leuchte an einer Maschine, die auf Probleme

Kabel buchstäblich eine Montagelinie abgeschaltet, wenn etwas schiefgelaufen ist. Dies dezentralisierte die Entscheidung, das Fließband anzuhalten, und stellte sicher, dass alle Ressourcen für lokalisierte Probleme eingesetzt wurden, die sich auf die End-to-End-Lieferung eines Produkts auswirkten. Einen vergleichbaren Ansatz kennen wir auch im Incident Management, indem wir jedem erlauben, einen Incident zu deklarieren, wenn ein Problem vorliegt. Darauf basierend können die verfügbaren Ressourcen so eingesetzt werden, dass sich Incidents so schnell wie möglich beheben lassen.

Die Vergänglichkeit von Systemen in modernen DevOps-Architekturen hat den Ansatz für das Incident Management geändert. In diesen Systemen ist die Aufrechterhaltung des Status nicht mehr wichtig, sodass Incident Responder die Systeme, auf denen Anwendungen ausgeführt werden, problemlos beenden und neu starten können. In einigen Fällen können Sie sogar das gesamte

---

oder Stopps aufmerksam machen soll. Im Zuge der weiteren Entwicklung begann man zwischen Andon-Cord und Andon-Board zu unterscheiden.

Beim Andon-Board handelt es sich um eine visuelle Kontroll-Einrichtung in einem Produktionsbereich, meist ein beleuchtetes Display, das den Produktionsstatus eines Produktionssystems ausgibt. Automatisiert oder durch die Mitarbeiter, die einen Fehler entdecken, wird ein Signal ausgelöst und so Hilfe gerufen durch Vorgesetzte oder Kollegen.

Das Andon-Cord (Reißleine) ist eine Leine oder auch ein Knopf. Damit können Mitarbeiter bei auftretenden Problemen einen Band- oder Anlagenstopp einleiten. Sie dienen damit nicht nur als Not-Aus, sondern auch als zentrale Anzeige des Problemortes und sollten für alle gut sichtbar sein."

System stoppen. Bei Diensten mit kurzlebiger Infrastruktur wurde der Auflösungsprozess von der Untersuchung und Diagnose auf schnelle Neustart- und Wiederherstellungsverfahren verlagert, was zu erheblichen Verbesserungen der Auflösungszeiten führte. Damit wird nicht die Sinnhaftigkeit oder Wichtigkeit der Diagnose ignoriert, vielmehr wird der Fokus und die Priorität auf das Wiederherstellen der Funktion verlagert, wohingegen die Diagnose auch zu späterem Zeitpunkt durchgeführt werden kann, wenn die Benutzer die Systeme bereits wieder nutzen können.

DevOps basiert auf einer Kultur kontinuierlichen Lernens. Dabei kommt dem Lernen aus Post Incident Reviews, wie sie im ITIL-Kontext gelebt werden, eine spezielle Rolle zu. Dies entspricht auch Gene Kims dritter DevOps-Methode des kontinuierlichen Experimentierens, des Eingehens von Risiken und des Lernens aus Fehlern.

Problem Management & Kaizen

IT-Organisationen unterscheiden das Incident Management von dem Problem Management oft wie folgt:

- Incident Management: (erster Schritt) Beheben des Incidents oder Ausfalls und Stabilisieren des Systems.

- Problemmanagement: (zweiter Schritt) Identifizieren der zugrunde liegenden Ursachen des Problems und Feststellen einer Strategie, um weiteres Auftreten zu verhindern.

Beide Aspekte gehören zusammen und werden in jeder Organisation durchgeführt, welche sich mit solchen Problemen auseinandersetzt. Dabei stehen aber nicht nur technische Aspekte, sondern auch Aspekte von Personal und Prozessen im Fokus.

DevOps hilft bei der Integration des Softwarebereitstellungslebenszyklus und der Mitarbeiteroperationen und -prozesse in Problem- und Incident-Management-Workflows. Durch einen kollaborativen, transparenten Ansatz zum Schreiben von neuem Code und zur Übernahme der Verantwortung für Systeme in der Produktion erstellen Sie einen ganzheitlichen Prozess für die Bereitstellung neuer Dienste und die Behebung von Problemen.

Dabei geht es über herkömmliche PDCA (plan-do-check-act)-Ansätze hinaus, wie sie beispielsweise im Rahmen verschiedener Service Management-Ansätze dargestellt werden, und sucht nach einem ganzheitlichen Prozess, in welchem kontinuierliche Verbesserung ein Teil der Entwicklung und der Betriebsprozesse selbst ist, somit also kontinuierliche Verbesserung nicht aus der Außensicht betrieben wird, sondern quasi als Teil des Hauptprozesses selbst gelebt wird.

Einfache Überwachung und Alarmierung gehören der Vergangenheit an. Sowohl Überwachung als auch Alarmierung dienen als hervorragende Tools in der größeren Toolbox für Softwarebereitstellung, Incident Management und Problem Management, reichen jedoch nicht aus, um ein vollständig beobachtbares System zu erstellen. DevOps bringt Entwickler und IT-Betrieb näher zusammen, erhöht die Transparenz bei der Softwarebereitstellung und den Lebenszyklen von Vorfällen und ermöglicht es Ihnen, zuverlässige Software schneller zu erstellen.

Problem Management und Incident Management sind damit nur erste Schritte zum Aufbau zuverlässiger Systeme. Die Nutzung von DevOps und eine Kultur der kontinuierlichen Verbesserung erhöhen die Zuverlässigkeit von Systemen und die Ausfallsicherheit von Mitarbeitern und Betrieben.

Continual Improvement

Die kontinuierliche Verbesserung der Lieferprozesse ist nicht neu. Lean Manufacturing und der japanische Fertigungsansatz Kaizen[24]

---

[24] Wikipedia:

Kaizen (改善, gesprochen mit stimmhaftem S; jap. kai „Veränderung, Wandel", zen „zum Besseren"; „Veränderung zum Besseren", um den terminus technicus von der umgangssprachlichen Bezeichnung zu unterscheiden häufig auch カイゼン) bezeichnet sowohl eine japanische Lebens- und Arbeitsphilosophie als auch ein methodisches Konzept, in deren Zentrum das Streben nach kontinuierlicher und unendlicher Verbesserung steht. Die Verbesserung erfolgt in einer

werden seit Jahrzehnten zur Verbesserung von Produktionsprozessen eingesetzt. Alle agilen Ansätze umfassen einen Ansatz für eine kontinuierliche Verbesserung. DevOps weicht nicht davon ab. Wie alles in DevOps liegt die Durchführung kontinuierlicher Verbesserungen in der Verantwortung des gesamten Teams und funktioniert am besten in einer nachhaltigen Kultur der kontinuierlichen Verbesserung.

Dies steht im Einklang mit unserer Vision von DevOps als "integrierte Qualität":

- Schaffung eines Qualitätsbewusstseins bei allen Beteiligten.
- Integrieren Sie QS- und Testaktivitäten in alle DevOps-Aktivitäten.
- QA- und Testaktivitäten sind als Teil der Tätigkeit aller Beteiligen zu betrachten (Qualität kann nicht an andere delegiert werden, sondern ist Verantwortung jedes Einzelnen).

---

schrittweisen, punktuellen Perfektionierung oder Optimierung eines Produktes oder Prozesses.

In der westlichen Wirtschaft wurde das Konzept übernommen, zu einem Managementsystem weiterentwickelt und in der Praxis unter dem Begriff Kontinuierlicher Verbesserungsprozess (KVP) /Continuous Improvement Process (CIP) eingeführt. In Europa steht dabei die kontinuierliche Qualitätssteigerung und Kostensenkung im Vordergrund und wird daher als integraler Bestandteil des Qualitätsmanagements gesehen."

Bei der kontinuierlichen Verbesserung geht es um iterative Verbesserungen der täglichen Bemühungen, die Anwendung, den Prozess und die Fähigkeiten der Menschen zu verbessern. Dabei stehen drei Themenkreise im Zentrum des Interesses:

- Die kontinuierliche Verbesserung der gelieferten / zur Verfügung gestellten Anwendung
- Die kontinuierliche Verbesserung der Qualitätssicherungs- und Testaktivitäten von DevOps
- Die kontinuierliche Verbesserung der Qualitätssicherungs- und Testfähigkeiten von Menschen

Der Ansatz der kontinuierlichen Verbesserung wird im Kontext von DevOps oft mit dem Deming-Regelkreis (Deming Circle) Illustriert.

William Edwards Deming stellte eine einfache, wirksame Technik zur Verfügung, die als praktisches Instrument zur kontinuierlichen Verbesserung am Arbeitsplatz dient. Diese Technik wird als Plan, Do, Check and Act (PDCA)-Zyklus oder häufig als Deming-Zyklus bezeichnet. Der Deming-Zyklus bietet sowohl einen konzeptionellen als auch einen praktischen Rahmen für die Durchführung von Kaizen-Aktivitäten durch die Mitarbeiter. Die vier Schritte Planen, Durchführen, Überprüfen und Handeln sollten im Laufe der Zeit wiederholt werden, um kontinuierliches Lernen und Verbesserungen sicherzustellen.

- Planungsphase (Plan): In dieser Phase werden die aktuelle Situation analysiert, Daten gesammelt und Verbesserungsmöglichkeiten entwickelt.
- Do-Phase (Do): In dieser Phase werden Alternativen getestet, indem beispielsweise ein Pilotprozess eingerichtet wird, oder es wird mit einer kleinen Anzahl von Personen experimentiert.
- Überprüfungsphase (Check): In dieser Phase muss festgestellt werden, ob der Versuch oder Prozess wie beabsichtigt funktioniert, ob Änderungen erforderlich sind oder ob diese gestrichen werden sollten.
- Handlungsphase (Act): Diese Phase konzentriert sich auf die Implementierung des Prozesses innerhalb der Organisation oder mit ihren Kunden und Lieferanten.

Sobald all diese Phasen zur vollen Zufriedenheit abgeschlossen sind, wird die Verbesserung standardisiert. Dabei hört der Zyklus aber nicht auf, sondern wird immer wieder basierend auf den implementierten Veränderungen durchgeführt, um damit einen laufenden Optimierungsimpuls am Leben zu erhalten.

Antifragilität

Antifragilität ist ein Konzept, welches auf Nassim Nicholas Taleb[25], einem libanesischen Forscher, zurückzuführen ist.

Er selbst schrieb dazu:

"Simply, antifragility is defined as a convex response to a stressor or source of harm (for some range of variation), leading to a positive sensitivity to increase in volatility (or variability, stress, dispersion of outcomes, or uncertainty, what is grouped under the designation "disorder cluster"). Likewise fragility is defined as a concave sensitivity to stressors, leading to a negative sensitivity to increase in volatility. The relation between fragility, convexity, and sensitivity to disorder is

---

[25] Wikipedia:

*"Nassim Nicholas Taleb ([ˈtaːləb]; arabisch نسيم نيقولا نجيب طالب; * 1. Januar 1960 in Amioun, Libanon) ist ein Essayist und Forscher in den Bereichen Statistik, Zufall und Epistemologie und ehemaliger Finanzmathematiker. Er arbeitete als Spezialist für komplexe Finanzderivate in mehreren Wall-Street-Unternehmen, bevor er eine zweite Karriere als Wissenschaftler begann und sich mit den Methoden der Berechnung und Interpretation von Zufallsereignissen und dem Umgang mit unvorhergesehenen seltenen, aber mächtigen Ereignissen (von ihm „Schwarze Schwäne" genannt) beschäftigte."*

mathematical, obtained by theorem, not derived from empirical data mining or some historical narrative. It is a priori.[26]"

— Taleb, N. N., Philosophy: 'Antifragility' as a mathematical idea. Nature, 2013 Feb 28; 494(7438), 430-430

Antifragilität ist nicht ein Synonym von Robustheit. Es geht nicht darum, Störungen möglichst viel Widerstand entgegenzusetzen und damit sozusagen die Belastungsgrenze heraufzusetzen, bei welcher ein System Schaden nimmt oder seine Funktion einstellt, sondern um einen komplett anderen Ansatz, bei dem ein System auf eine Situation reagiert, indem es sich selbst verbessert und damit stärker wird.

---

[26] Übersetzung:

"Antifragilität wird einfach als konvexe Reaktion auf einen Stressor oder eine Schadensquelle (für einen bestimmten Variationsbereich) definiert, die zu einer positiven Empfindlichkeit gegenüber einer Zunahme der Volatilität (oder Variabilität, Stress, Streuung der Ergebnisse oder Unsicherheit, unter was gruppiert ist) was unter der Bezeichnung "Störungscluster" zusammengefasst werden kann. Ebenso wird Fragilität als konkave Empfindlichkeit gegenüber Stressoren definiert, was zu einer negativen Empfindlichkeit gegenüber einer Erhöhung der Volatilität führt. Die Beziehung zwischen Fragilität, Konvexität und Empfindlichkeit gegenüber Störungen ist mathematisch und wird durch Theoreme beschrieben, die nicht aus empirischem Data Mining oder einer historischen Erzählung abgeleitet wurden. Es ist a priori. (Anmerkung: d.h. eine Erkenntnis, welche nicht auf äusseren Beobachtungen abgeleitet ist, sondern aus logischem Schließen stammt)"

„*Manche Dinge profitieren von Schocks. Sie gedeihen und wachsen, wenn sie Volatilität, Zufälligkeit, Unordnung und Stress ausgesetzt sind, und lieben Abenteuer, Risiko und Unsicherheit. Trotz der Allgegenwart des Phänomens gibt es kein Wort für das genaue Gegenteil von fragil. Nennen wir es antifragil. Antifragilität ist jenseits von Belastbarkeit oder Robustheit. Der Elastische widersteht Stößen und bleibt gleich; Das Antifragil wird besser*", schreibt Taleb zu Beginn eines seiner Bücher.

Antifragilität bedeutet entsprechend nicht, dass wir beispielsweise bessere Systeme bauen müssen, sondern dass wir Systeme bauen müssen, welche auf äußere Einflüsse adäquat reagieren und sich basierend auf den gemachten Erfahrungen selbst verbessern. Beispiele, wo dies von großer Bedeutung sein kann, sind beispielsweise im Bereich von Cloud-Computing zu finden, da hier ein besonders direkter Zusammenhang zwischen Architektur und Diensten und den darauf zugreifenden Dienstleistungen, Anwendungen und ganzen Geschäftsmodellen besteht.

Dafür gibt es zwei Gründe:

- Cloud Computing ist ein offenes System, das kaum zu definieren und vorherzusagen ist. Cloud Computing hat in unserem täglichen und Computerleben alle möglichen Bereiche erreicht und die Anzahl der Benutzer, Entwickler und Anteilseigner dieser Technologie wächst täglich. Das

Bestimmen einer bestimmten Richtung und eines bestimmten Umfangs ist aufgrund des vielseitigen Einsatzes und der unterschiedlichsten Beteiligten kaum leistbar.

- Es ist schwierig, die Wirksamkeit und Leistung des gesamten Cloud-Ökosystems zu bewerten. Wir können bestimmte Metriken bewerten. Es ist jedoch schwierig, wenn nicht unmöglich, die Cloud selbst zu bewerten.

Technologie und Automation

Nachdem wir nun die wichtigsten Konzepte im Kontext von DevOps dargestellt haben, lassen Sie uns sehen, wie diese zusammenspielen können, um DevOps optimal zu unterstützen:

Automation für die Deployment Pipeline

Oft begegnet man der Meinung, dass DevOps synonym für Automatisierung sei. Auch wenn dies nicht der Fall ist, so ist Automatisierung doch ein für DevOps sehr wichtiges Konzept, welches die "Drei Wege" (Durchfluss erzeugen, Feedback sicherstellen, Experimentieren und Lernen) von DevOps optimal unterstützt.

Automatisierung bedeutet, Beschränkungen zu beseitigen und Standardisierung zu vermehren, um den Durchfluss des Systems zu optimieren und durch die Sicherstellung von Feedbackschleifen die Grundlage für zielführende Optimierung basierend auf Experimenten zu ermöglichen. Bevor aber Automatisierung angegangen werden kann – und auch während wir das tun – ist es ein zentrales Anliegen, dass zunächst sichergestellt werden kann, dass Rahmenbedingungen wie die gelebte Kultur und die eingesetzten Verfahren auch dazu taugen, Nutzen zu erzeugen. Ein schlechter Prozess wird durch Automatisierung nicht besser, sondern führt nur zu noch mehr schlechten Ergebnissen.

Automatisierung hat für DevOps eine Vielzahl wichtiger und qualitätssteigernder Effekte. Zunächst eliminiert sie negative Effekte, welche bei manuellem Handling durch Übergaben und Nacharbeiten entstehen. Zudem können nach Ausfällen Prozesse schneller wiederhergestellt werden. Der Durchfluss lässt sich basierend auf der Optimierung von Parametern optimal "einstellen". Er wird nicht durch Schwankungen in der Tagesform von Prozessbeteiligten in manuellen Prozessen beeinflusst und stellt sicher, dass Prozesse und ihre Resultate reproduzierbar sind. Das heißt, wir können von einem höheren Maß an Standardisierung ausgehen, welches durch geringere Abweichungen und Variationen gekennzeichnet ist und damit die erreichte Qualität steigert und Risiken reduziert.

Eine wichtige Grundlage für die Automation der Deployment Pipeline ist eine konstante Überwachung der einzelnen Schritte, um bei Fehlern umgehend zu reagieren respektive diese bereits im Entstehen zu beseitigen. Dies betrifft Aspekte wie das Sicherstellen, dass der erzeugte Programmcode den bestehenden Qualitätsanforderungen entspricht, die Sicherstellung des Zustandes der bestehenden Umgebung, in der die Software bereitgestellt wird, sowie deren ordnungsgemäße Bereitstellung und die Überwachung von ihrer Leistungsfähigkeit (Performance, Stabilität).

Die Deployment Pipeline wird oft auch mit den Stichworten einer DevOps-Toolchain beschrieben. Wikipedia.en beschreibt diese wie folgt:

"Plan

Plan is composed of two things: "define" and "plan". This activity refers to the business value and application requirements. Specifically "Plan" activities include:

- Production metrics, objects and feedback
- Requirements
- Business metrics
- Update release metrics
- Release plan, timing and business case
- Security policy and requirement

A combination of the IT personnel will be involved in these activities: business application owners, software development, software architects, continual release management, security officers and the organization responsible for managing the production of IT infrastructure.

Create

Create is composed of the building, coding, and configuring of the software development process. The specific activities are:

- Design of the software and configuration
- Coding including code quality and performance
- Software build and build performance
- Release candidate

Tools and vendors in this category often overlap with other categories. Because DevOps is about breaking down silos, this is reflective in the activities and product solutions.

Verify

Verify is directly associated with ensuring the quality of the software release; activities designed to ensure code quality is maintained and the highest quality is deployed to production. The main activities in this are:

- Acceptance testing
- Regression testing
- Security and vulnerability analysis
- Performance
- Configuration testing

Solutions for verify related activities generally fall under four main categories: Test automation , Static analysis , Test Lab, and Security.

Packaging

Packaging refers to the activities involved once the release is ready for deployment, often also referred to as staging or Preproduction / "preprod". This often includes tasks and activities such as:

- Approval/preapprovals
- Package configuration
- Triggered releases
- Release staging and holding

Release

Release related activities include schedule, orchestration, provisioning and deploying software into production and targeted environment. The specific Release activities include:

- Release coordination
- Deploying and promoting applications
- Fallbacks and recovery
- Scheduled/timed releases

Solutions that cover this aspect of the toolchain include application release automation, deployment automation and release management.

Configure

Configure activities fall under the operation side of DevOps. Once software is deployed, there may be additional IT infrastructure provisioning and configuration activities required. Specific activities including:

- *Infrastructure storage, database and network provisioning and configuring*
- *Application provision and configuration.*

The main types of solutions that facilitate these activities are continuous configuration automation, configuration management, and infrastructure as code tools.

Monitor

Monitoring is an important link in a DevOps toolchain. It allows IT organizations to identify specific issues of specific releases and to understand the impact on end-users. A summary of Monitor related activities are:

- *Performance of IT infrastructure*
- *End-user response and experience*
- *Production metrics and statistics*

Information from monitoring activities often impacts Plan activities required for changes and for new release cycles.

Version Control

Version Control is an important link in a DevOps toolchain and a component of software configuration management. Version Control is the management of changes to documents, computer programs, large web sites, and other collections of information. A summary of Version Control related activities are:

- *Non-linear development*
- *Distributed development*
- *Compatibility with existent systems and protocols*
- *Toolkit-based design*

Information from Version Control often supports Release activities required for changes and for new release cycles.[27]"

---

[27] Deutsche Übersetzung:

Planen

Planen besteht aus zwei Dingen: "definieren" und "planen". Diese Aktivität bezieht sich auf den Geschäftswert und die Anwendungsanforderungen. Spezielle "Plan"-Aktivitäten umfassen:

- Produktionsmetriken, Objekte und Feedback
- Bedarf
- Geschäftsmetriken
- Aktualisieren der Release-Metriken

- Release-Plan, Timing und Business Case
- Sicherheitsrichtlinien und -anforderungen

Eine Kombination des IT-Personals wird an diesen Aktivitäten beteiligt sein: Eigentümer von Geschäftsanwendungen, Softwareentwicklung, Softwarearchitekten, kontinuierliches Release-Management, Sicherheitsbeauftragte und die Organisation, die für die Verwaltung der Produktion der IT-Infrastruktur verantwortlich sind.

Erstellen

"Create" besteht aus dem Erstellen, Kodieren und Konfigurieren des Softwareentwicklungsprozesses. Die spezifischen Aktivitäten sind:

- Design der Software und Konfiguration
- Codierung einschließlich Codequalität und Leistung
- Software-Build und Build-Leistung
- Kandidaten freigeben

Tools und Anbieter in dieser Kategorie überschneiden sich häufig mit anderen Kategorien. Da es bei DevOps darum geht, Silos abzubauen, spiegelt sich dies in den Aktivitäten und Produktlösungen wider.

Überprüfen

Verify steht in direktem Zusammenhang mit der Sicherstellung der Qualität der Softwareversion. Aktivitäten, die sicherstellen sollen, dass die

Codequalität erhalten bleibt und die höchste Qualität für die Produktion bereitgestellt wird. Die Hauptaktivitäten in diesem Bereich sind:

- Abnahmetests
- Regressionstests
- Sicherheits- und Schwachstellenanalyse
- Performance
- Konfigurationstest

Lösungen zur Überprüfung verwandter Aktivitäten fallen im Allgemeinen in vier Hauptkategorien: Testautomatisierung, statische Analyse, Testlabor und Sicherheit.

Verpackung

Die Verpackung bezieht sich auf die Aktivitäten, die ausgeführt werden, sobald die Version zur Bereitstellung bereit ist, und wird häufig auch als Staging oder Preproduction / "Preprod" bezeichnet. Dies umfasst häufig Aufgaben und Aktivitäten wie:

- Genehmigung / Vorabgenehmigungen
- Paketkonfiguration
- Ausgelöste Releases
- Staging und Halten freigeben

Veröffentlichung

Zu den freigegebenen Aktivitäten gehören Zeitplanung, Orchestrierung, Bereitstellung und Bereitstellung von Software in der Produktion und in der Zielumgebung. Die spezifischen Release-Aktivitäten umfassen:

- Koordination freigeben
- Bereitstellen und Heraufstufen von Anwendungen
- Fallbacks und Erholung
- Geplante / zeitgesteuerte Veröffentlichungen

Zu den Lösungen, die diesen Aspekt der Toolchain abdecken, gehören die Automatisierung von Anwendungsversionen, die Automatisierung der Bereitstellung und das Versionsmanagement.

Konfigurieren

Das Konfigurieren von Aktivitäten fällt unter die Betriebsseite von DevOps. Nach der Bereitstellung der Software sind möglicherweise zusätzliche Aktivitäten zur Bereitstellung und Konfiguration der IT-Infrastruktur erforderlich. Spezifische Aktivitäten einschließlich:

- Bereitstellung und Konfiguration von Infrastrukturspeicher, Datenbank und Netzwerk
- Anwendungsbereitstellung und -konfiguration.

Die Haupttypen von Lösungen, die diese Aktivitäten erleichtern, sind kontinuierliche Konfigurationsautomatisierung, Konfigurationsmanagement und Infrastruktur als Code-Tools.

Monitor

Die Überwachung ist ein wichtiges Glied in einer DevOps-Toolchain. Es ermöglicht IT-Organisationen, Probleme bestimmter Releases zu identifizieren und die Auswirkungen auf Endbenutzer zu verstehen. Eine Zusammenfassung der Aktivitäten im Zusammenhang mit dem Monitor sind:

- Leistung der IT-Infrastruktur
- Antwort und Erfahrung des Endbenutzers
- Produktionsmetriken und -statistiken

Informationen aus Überwachungsaktivitäten wirken sich häufig auf Planungsaktivitäten aus, die für Änderungen und neue Veröffentlichungszyklen erforderlich sind.

Versionskontrolle

Die Versionskontrolle ist ein wichtiges Glied in einer DevOps-Toolchain und eine Komponente des Softwarekonfigurationsmanagements. Die Versionskontrolle ist die Verwaltung von Änderungen an Dokumenten, Computerprogrammen, großen Websites und anderen Informationssammlungen. Eine Zusammenfassung der Aktivitäten im Zusammenhang mit der Versionskontrolle sind:

- Nichtlineare Entwicklung
- Verteilte Entwicklung
- Kompatibilität mit vorhandenen Systemen und Protokollen
- Toolkit-basiertes Design

Für die Automatisierung und Unterstützung der einzelnen Schritte der DevOps-Toolchain-Prozesse und Aufgaben stehen zahlreiche, teils für bestimmte Aufgaben spezialisierte, teils auf mehrere Aufgaben innerhalb der Toolchain zugeschnittene Werkzeuge zur Verfügung.

Durch die Automatisierung des Delivery-Prozesses wird der Anteil an ungeplanten Arbeiten und Nacharbeiten reduziert und das Team kann sich mehr auf die Erstellung neuer Funktionalität fokussieren.

Cloud-Technologie und Virtualisierung

Auch wenn Cloud Computing nicht eine direkte Voraussetzung für DevOps ist, so hat das Vorhandensein von aus der Cloud verfügbaren Leistungen in unterschiedlichster Konfiguration und Kombination erheblich zum Erfolg von DevOps beigetragen. Es ermöglicht nicht zuletzt auch kleineren Organisationen, mit den Big Playern auf Augenhöhe zu spielen, da nicht mehr ein enormes Investment in IT-Infrastruktur notwendig ist, um Dienstleistungen auf höchstem Niveau anzubieten. In vielen Fällen können dieselben oder vergleichbare Leistungen, welche sich üblicherweise nur Großkonzerne leisten konnten, zu nutzenbasierten Konditionen bezogen werden, was nicht zuletzt auch dazu geführt hat, dass selbst Organisationen, welche es sich eigentlich leisten könnten, in eigene Infrastruktur zu investieren, immer mehr von Drittanbietern aus dem

---

Informationen aus der Versionskontrolle unterstützen häufig Release-Aktivitäten, die für Änderungen und neue Release-Zyklen erforderlich sind.

Netz beziehen. Dies wirkt sich zweifellos auf die Art der Zusammenarbeit der unterschiedlichen Beteiligten aus und macht Absprachen und klar definierte Prozesse notwendig.

Im Zusammenhang mit dem Einsatz von Cloud-Technologien besteht der wesentliche Vorteil darin, dass Kunden heute sehr gezielt entscheiden können, welche Elemente sie selbst betreiben wollen und welche sie extern beziehen. Gängige Ansätze sind dabei:

- Infrastructure as a Service (IaaS) - Hier wird im Wesentlichen die Infrastruktur aus der Cloud bezogen und darauf die eigene Management-Software betrieben. Der ganze Stack ab dem Betriebssytem wird selbst abgedeckt.
- Platform as a Service (PaaS) - Hier werden nur Daten und Anwendungen selbst gemanagt, der ganze Rest, inkl. Betriebssystem, Middleware und Laufzeitumgebung, wird extern bezogen.
- Software as a Service (SaaS) - Hier wird nur der Nutzen von bestimmten Programmen aus der Cloud eingekauft. Der ganze Betrieb, inkl. Datensicherungen, Datenhaltung, Wartung etc., wird von einem externen Dienstleister bereitgestellt.

Daneben sind auch andere Kombinationen denkbar (Everything as a Service). Die Cloud- Technologie bietet eine Vielfalt an Geschäftsmodellen sowohl auf Kunden- als auch auf Anbieterseite.

Nachwort

Wenn wir in der Realität von DevOps sprechen, so müssen wir klar zwischen dem unterscheiden, was aktuell verschiedene Zertifizierer wie das Devops Institute, die DASA oder auch weitere Zertifizierer aus dem Business-Kontext anbieten, und dem, was der Techniker darunter versteht. Während Zertifizierer zum Thema DevOps im Wesentlichen von einer Philosophie und einigen damit verbundenen technologischen Ansätzen sprechen, so sieht das ein Techniker wohl ganz anders und erkennt womöglich sehr spezifische Architekturen und Technologien.

Im vorliegenden Buch ging es mir, wie Sie unzweifelhaft bemerkt haben, um den ersten Ansatz. Nicht, weil ich den technologischen nicht wichtig fände. Im Gegenteil, DevOps ohne den technologischen Ansatz, eingesetzte Techniken und Vorgehensweisen wird kaum viel Nutzen bringen. Genauso wichtig scheint es mir aber, dass die Frage nach dem "Warum" geklärt wird und verstanden wird, wie Zusammenhänge und Geisteshaltungen sind. Fehlen sie, wird DevOps womöglich mechanistisch korrekt durchgeführt, der große Nutzen wird aber ausbleiben.

Es freut mich, dass ich Sie mit dieser Publikation etwas tiefer in die Zusammenhänge von DevOps eingeführt habe, und ich hoffe, ich habe Ihre Neugierde auf weiterführende Schritte geweckt!

Der Autor

Literaturliste

Manifest für Agile Softwareentwicklung.

    https://agilemanifesto.org/iso/de/manifesto.html.

Aiello B, Sachs LA (2016) Agile application lifecycle management: using DevOps to drive process improvement. Addison-Wesley

Bass L, Weber IM, Zhu L (2015) DevOps: a software architect's perspective. Pearson Education, Inc.

The Best DevOps Resources Online: UpGuard. In: RSS.

    https://www.upguard.com/blog/devops-resources-online.

Bhargava R (2014) Is DevOps a Title? In: DevOps.com.

    https://devops.com/is-devops-a-title/.

Birrell ND, Ould MA (1986) A practical handbook for software development. Cambridge Univ. Pr.

Brunner FJ (2017) Japanische Erfolgskonzepte KAIZEN, KVP, Lean

Production Management, Total Productive Maintenance, Shopfloor Management, Toyota Production System, GD3 - Lean Development. Hanser

Chiarini A (2014) Lean organization: from the tools of the toyota production system to lean office. Springer

Cohn M (2020) Two Types of Authority Leaders Must Give to Self-Organizing Teams. In: Mountain Goat Software. https://www.mountaingoatsoftware.com/blog/two-types-of-authority-leaders-must-give-to-self-organizing-teams.

(2011) ITIL service strategy. TSO

(2020) ITIL4 Managing Professional Package. TSO

KOPP JULIAN M (2020) IHRE ERSTEN ERFOLGE MIT KANBAN: kanban im wissensbasierten kontext verstehen und im... unternehmen umsetzen. BOOKS ON DEMAND

Lundberg A (2020) Erfolgreich mit dem agilen Spotify Framework

Squads, Tribes und Chapters - der nächste Schritt nach Scrum und Kanban? BoD - Books on Demand

MULLER PAUL C (2020) AGILE LEADERSHIP IM SCRUM-KONTEXT: servant leadership fur agile leader und solche, die es... werden wollen. BOOKS ON DEMAND

MULLER PAUL C (2020) SCRUM UND KANBAN - DOPPELTER ERFOLG DURCH KOMBINATION: scrum und kanban erfolgreich... kombinieren - bessere prozessbeherrschung im sprin. BOOKS ON DEMAND

Martin K, Osterling M (2013) Value stream mapping: how to visualize work flow and align people for organizational transformation using lean business practices to transform office and service environments. McGraw-Hill

Mir RC (2020) Iterative Business Model Canvas- Entwicklung - Von der Vision zum Produkt-Backlog Agile Entwicklung von Produkten und Geschäftsmodellen. BoD - Books on Demand

Ohno T (2017) Evolution of the Toyota production system. publisher not identified

Ōno Taiichi (2019) Toyota production system: beyond large-scale production. Productivity Press

(1997) Problem management. Stationery Office CCTA

STUART CHARLESE (2020) CYNEFIN-FRAMEWORK ALS WEGWEISER ZUR AGILEN FUHRUNG: welche projektmanagementmethode fur welche... art von projekt? - wasserfall, scrum, kanban? BOOKS ON DEMAND

Sutherland J (2020) Das Scrum Praxisbuch. Campus Verlag

Sutherland J (2014) Scrum: a revolutionary approach to building teams, beating deadlines and boosting productivity. Random House Business Books

Sutherland J (2019) Still Life: a Personal Story of Loss and Recovery. Sutherland House Inc., The

Taleb NN Antifragile: how to live in a world we don't understand.

Taleb NN (2016) Antifragile: things that gain from disorder. Random House

Webteam P (2013) Continuous Delivery Vs. Continuous Deployment: What's the Diff? In: Puppetcom Blog RSS. https://puppet.com/blog/continuous-delivery-vs-continuous-deployment-what-s-diff.

Wolf K, Sahling S (2014) Incident Management: Komplexe Störungen in der IT erfolgreich beheben ; Hanser, Carl

Womack JP, Jones DT, Bühler Maria, et al (2013) Lean thinking Ballast abwerfen, Unternehmensgewinne steigern. Campus-Verl.

Womack JP, Jones DT, Bühler Maria, et al (2013) Lean thinking Ballast abwerfen, Unternehmensgewinne steigern. Campus-Verl.